Wirklich clever,
dieser Weihnachtsmann

Ganz schön clever, dieser Weihnachtsmann

Ungewöhnliche Weihnachtserzählungen

Erich von Däniken • Julia Streitz
Susanna Kubelka • Charlotte Link
Dieter Zimmer • Doris Jannausch
Heinz G. Konsalik • Utta Danella
Hinrich Matthiesen • Peter Heim

Zsolnay

Wir danken dem Albrecht Knaus Verlag, München,
für die freundliche Abdruckgenehmigung der Erzählung
ENDLICH WAR WIRKLICH WEIHNACHTEN.
Entnommen aus dem Roman REGINA AUF DEN STUFEN
von Utta Danella.
© 1959 by Albrecht Knaus Verlag, München

©1989 by Diana (Verlagsunion Pabel-Moewig KG, Rastatt) und
AVA-Autoren- und Verlagsagentur GmbH, München-Breitbrunn
Dieses Buch erscheint bei Zsolnay
Umschlagentwurf und -gestaltung: Werbeagentur Zeuner, Ettlingen
Umschlagillustration: Hoch Drei/Adam, Berlin
Druck und Bindung: Wiener Verlag
Printed in Austria 1995

CIP-Titelaufnahme der Deutschen Bibliothek
Verschiedene Autoren. Wien: Zsolnay, 1995
Einheitssacht.: Wirklich clever, dieser Weihnachtsmann. <dt.>
ISBN 3-552-04721-2

INHALT

Charlotte Link
KEINE PROBLEME MIT DEM ADVENT
Seite 7

Heinz G. Konsalik
ADVENT HEISST ANKUNFT
Seite 23

Susanna Kubelka
NUR EIN TANNENZAPFEN AUS GIPS
Seite 43

Charlotte Link
WIRKLICH CLEVER, DIESER WEIHNACHTSMANN
Seite 59

Charlotte Link
DAS PFERD, DIE FEE UND DIE WEIHNACHTSNACHT
Seite 71

Doris Jannausch
WEIHNACHTEN MIT FÜCHSLEIN
Seite 83

Heinz G. Konsalik
EIN UNBEQUEMER GAST
Seite 117

Hinrich Matthiesen
JA, UND DA HATTEN WIR DIE BESCHERUNG
Seite 133

Dieter Zimmer
HEILIGABEND
Seite 145

Julia Streitz
ICH BIN BEI EUCH WIE JEDES JAHR . . .
Seite 159

Utta Danella
ENDLICH WAR WIRKLICH WEIHNACHTEN
Seite 169

Erich von Däniken
FÜR 100 FRANKEN DIE GANZE WELT
Seite 199

Peter Heim
ZWEI FOTOGRAFIEN
Seite 231

Peter Heim
BORDGEPÄCK
Seite 243

CHARLOTTE LINK

Keine Probleme mit dem Advent

I ch gestalte meinen Adventskranz dieses Jahr ganz in Blau", sagte meine Freundin mit wichtiger Miene, „dunkelblaue Kerzen und dazu vielleicht violette Seidenschleifen. Die Tannenzapfen könnte ich mit blauem Glitzerspray einsprühen. Wie findest du das?"

„Schön."

„Wie wird dein Adventskranz aussehen?"

Ich mußte ihr gestehen, daß ich mir darüber noch keine Gedanken gemacht hatte, beziehungsweise, daß meine Gedanken höchst destruktiver Natur waren. Ich hatte beschlossen, in diesem Jahr auf den Weihnachtsrummel zu verzichten. Keinen Adventskranz, keine Kerzen, keine Lieder von fallenden Flocken und klingenden Glocken. Man wird schließlich erwachsen.

Als ich am Nachmittag meinen Freund Stefan besuchte, Musikstudent und ebenso erwachsen wie ich, packte der gerade ein Paket seiner Mutter aus und betrachtete verzückt

einen gewaltigen, mit Silbersternen über-
säten Adventskalender, der zwischen Domi-
nosteinen und selbstgebackenen Mandelplätzchen zum Vorschein kam. Auf dem Bild
turtelte ein rotbackiger, strahlender Nikolaus
mit einem lieblichen Engelskindlein, das ein
glückliches blankäugiges Reh am Zügel führte. Das Reh zog einen Schlitten, auf dem sich
die Geschenkpäckchen nur so stapelten. Zu-
oberst saß eine Babypuppe, die ganz so
aussah, als würde sie „Mama" und „Papa"
schreien, wenn man sie in den Rücken piek-
ste. Ringsum schwirrten natürlich noch viel
mehr Engel durch die Gegend, mit noch
mehr Rehen an Zügeln, die noch mehr Schlitten mit Geschenken zogen. Ganz zart konnte
man dazwischen die Überraschungsfenster
mit den magischen Zahlen eins bis vierundzwanzig erkennen.

„Toll", sagte ich spontan, „aber den hängst
du nicht an die Wand, oder?"

Stefan untersuchte den Kalender gerade
mit sachkundigen Fingern. „Da ist Schokolade drin", murmelte er.

Ich hatte einen Vorschlag. „Pack sie aus,
und wir feiern eine Schokoladenorgie!"

Er starrte mich an, als hätte ich den Verstand verloren.

„Bist du verrückt? Ich mache jeden Tag ein Fenster auf, mehr nicht!"

„In welcher Farbe dekorierst du dieses Jahr deinen Adventskranz?" fragte ich ironisch. Stefan wies in eine Ecke, aus der ein paar grüne Zweige, gelbe Kerzen und goldene Schleifen blitzten. „Schau ihn dir an. Selbstgemacht!"

Ich kapitulierte. Ich wollte nicht die einzige sein, die keinen Adventskranz hat, keinen Adventskalender und keine Mandelplätzchen. Ich ging in die Stadt und kaufte ein, ein wenig verschämt und sehr hastig, aber niemand um mich herum schien etwas dabei zu finden. Mein Kalender war noch größer als der von Stefan, ansonsten aber dem seinen recht ähnlich, nur daß sich zwischen die Engel noch kleine niedliche Wichtelmännchen mischten, von denen einige sogar daran dachten, den hungrigen, Geschenkschlitten ziehenden Rehen in all dem Schnee ein paar Büschel Heu vor die Nase zu halten. Ich überlegte lange, in welcher Farbe ich meinen Adventskranz gestalten sollte: Nicht blau und nicht gelb, man imitiert schließlich seine Freunde nicht gern. Ich entschied mich für Rosarot – wenn schon, denn schon!

„Wundere dich nicht", sagte ich zu Hause zu meinem Kater Max, der mein Tun mit irritierten Blicken verfolgte, „wir haben morgen den ersten Advent!"

Nun ließ mich der Eifer nicht mehr los. Ich steckte die Kerzen auf die Zweige, hängte den Kalender an die Wand, rollte den Plätzchenteig in der Küche aus und schaltete das Radio ein. „Leise rieselt der Schnee..." Aha. Hatte ich mir doch gedacht.

Die Wohnung war warm, der Duft der Plätzchen süß. Unwillkürlich erwachten Kindheitserinnerungen in mir und stimmten mich nachdenklich und ein bißchen melancholisch. Entschlossen, mich von meiner Melancholie nicht zur Strecke bringen zu lassen, versuchte ich meine Gefühle zu analysieren: Ich bin zu erwachsen, um Advent zu feiern, hatte ich gedacht. Advent als das Fest der Kinder? Sicherlich kein Fest, das mit dem Ende der Kindheit ebenfalls endet. Aber eines, das seinen Zauber aus diesen Tagen bezieht. Auf einmal, ganz flüchtig, bedauerte ich, daß es nie mehr wie früher sein würde.

In Ermangelung eines anderen Gesprächspartners erzählte ich Max, was ich empfand: „Früher war die Vorweihnachtszeit wirklich etwas ganz Besonderes. Ich war in den letzten Wochen vor Heiligabend richtig gespannt und erwartungsvoll. Nicht nur wegen der Geschenke. Die Zeit hat etwas so Geheimnisvolles. Es wird früh dunkel draußen, und wenn man durch die Straßen geht, sieht man Kerzenschein hinter den Fenstern der Häuser. Es schneit, und man kann die Flokkenwirbel im Licht der Straßenlaternen beobachten. Die Tannen am Gartenzaun sind voller Schnee. Und zu Hause hat man immer das Gefühl, als raschle jemand mit Geschenkpapier. Aus der Küche riecht es nach Vanillezucker und Nüssen…" An dieser Stelle mußte ich meine Schilderungen abbrechen und in die Küche laufen, um meine Kunstwerke aus dem Backofen zu retten. Begeistert betrachtete ich das volle Blech. Fast perfekt – aber eigentlich schade, daß ich nur einen alten Serviettenring zum Ausstechen hatte. Ich ging noch mal einkaufen.

Im Kaufhaus kam aus den Lautsprechern ein beachtliches Repertoire an Weihnachtsliedern: „Vom Himmel hoch…", „Alle Jahre wieder…", und zum Beweis der erdumspannenden Gültigkeit des Festes jubelte ein amerikanischer Chor unter orchestraler Mammutbegleitung „Jingle bells…" Unter einem Prachtexemplar von Tannenbaum stehend, wühlte ich ergriffen in einem ganzen Haufen blecherner Plätzchenformen: Herz, Mond, Stern... ach, und solch einen Engel hatte meine Großmutter immer gehabt, den mußte ich auch haben! Um diese Blumenform hatte ich meine Freundin Elke immer beneidet... Selig trug ich meine Schätze heim.

Dort hatte Max inzwischen die erste Garnitur Plätzchen vertilgt. Aber das machte nichts. Jetzt ging es ja erst richtig los. Ich zündete die Kerzen meines rosaroten Adventskranzes an und summte leise die Lieder mit, die das Radio spielte.

Natürlich mußte an diesem Abend Eva-Maria zu Besuch kommen. Eva ist meine Revoluzzer-Freundin. Mit ihr gerate ich immer in haarsträubende Situationen. Wenn sie einen einlädt, mit ihr zusammen ein paar „echt gute Freunde" in deren Haus zu besuchen, dann stellt sich spätestens beim Kaffeetrinken auf den modrigen Matratzen heraus, daß das Haus von den echt guten Freunden gerade besetzt gehalten wird und jeden Moment von der Polizei gestürmt werden kann. Ein Sonntagsspaziergang mit ihr führt todsicher mitten in eine Anti-Reagan-Demonstration, bei der die Steine fliegen. Überflüssig zu sagen, was Eva von Advent hält.

„Sag mal, was veranstaltest du denn hier?" fragte sie mißtrauisch. „Machst du auf Advent, oder was?"

„Ja", erwiderte ich tapfer, „irgendwie finde ich Advent gut." Eva fand zumindest meine Plätzchen gut. Ja, sie war so angetan, daß sie plötzlich selber die Ärmel hochkrempelte und eigenhändig beim Backen half. Gerührt beobachtete ich, mit welch peinlicher Genauigkeit sie darauf achtete, alle vorhandenen Förmchen gleichmäßig zu verwenden. Eine Reihe Sterne, eine Reihe Herzen... eines akkurat neben dem anderen.

„Ich mag halt den Konsumterror nicht, ohne den an Weihnachten nichts abläuft", erklärte sie, „da müßte eine totale Neuorientierung stattfinden. Außerdem ist das alles verlogen. Friede auf Erden... und was passiert in Nicaragua?" Sie sah mich empört an und stach einen wunderschönen Engel aus. Ich fühlte mich schuldbewußt. Klar, Eva hatte schon recht. Nicht die ganze Welt war so friedlich wie meine von Adventskerzen beleuchtete Wohnung. Ich mußte nur an die Umstände denken, unter denen ich zu meinem Kater Max gekommen war. Das war auch im Dezember gewesen, und die Leute, die mir Max halberfroren brachten, hatten sich bitter darüber beklagt, daß das Tier Tag und Nacht vor ihren Fenstern gemaunzt hatte.

„Da sitzt man bei Kerzenlicht, alles soll ruhig und besinnlich sein, und draußen schreit ohne Unterlaß eine Katze. Fast hätte sie uns die ganze Weihnachtszeit verdorben!"

Erstick doch an deiner Weihnachtszeit, dachte ich und nahm mir zum ersten Mal vor, das Fest der Liebe künftig zu ignorieren. „Man darf sicher die Probleme der Welt nicht vergessen", sagte ich, „aber deshalb ganz ohne das kleinste bißchen Zauber leben..."

„An Weihnachten streuen die uns doch Sand in die Augen", meinte Eva, „wo ist denn die wirkliche Nächstenliebe? Alle kaufen Geschenke, aber doch nur, um selber etwas zurückzubekommen. Sonst reut sie ihre Investition!"

Ich mußte zugeben, daß das manchmal so sein mochte. Mir fiel dabei die Praktik einer Klassenkameradin ein. Jedes Jahr im Dezember stand sie vor dem gleichen Problem: Wer würde ihr etwas schenken, wer nicht? Sie mochte nicht mit leeren Händen vor einem Schenker stehen, aber sie wollte auch nichts hergeben ohne die Garantie einer Gegengabe. Sie kaufte eine Menge Plunder – den sie bei Nichtverbrauch im nächsten Jahr wieder würde verwenden können –, verpackte ihn und schleppte ihn am Tag X mit in die Schule. Die einzelnen Stücke waren so beschaffen, daß sie auf jeden Menschen passen konnten (oder auf keinen), daher nannte sie sie „Universalgeschenke". Überreichte ihr jemand unerwartet ein Päckchen, griff sie in ihre Tüte, fischte ein Universalgeschenk hervor und erklärte lächelnd: „Für dich. Ich mußte gleich an dich denken, als ich es im Laden sah." Das klang schmeichelnd. Allerdings mochte sich manchmal nachher etwa ein Computer-Freak, der nichts als Daten und Programme im Kopf hatte, fragen, weshalb jemand beim Anblick einer zierlichen Porzellandose in Form einer sich wohlig räkelnden Katze ausgerechnet an ihn hatte denken müssen.

„So wenig es die Welt verändert", sagte ich, „es ist vielleicht trotzdem gut, daß bei einigen Menschen, und wenn es nur im eigenen kleinen Lebensbereich ist, Friede aufkommt. Und der Wunsch, anderen Menschen ihre Liebe zu zeigen."

„Wenn sie das nur in der Weihnachtszeit tun..."

„Immerhin in der Weihnachtszeit. Das ist wie mit den Spenden. Das Jahr über nichts, an Weihnachten dann doch, und das ist auch schon was!"

Eva konnte meine praktischen Überlegungen nicht teilen. „Es ist verlogen. Lichterglanz ist verlogen!"

„Das kannst du so nicht sagen", widersprach ich, „der Lichterglanz ist ein Bedürfnis der Leute."

„Sie machen sich etwas vor damit."

„Sie lassen sich verzaubern. Das kannst du nicht in jedem Fall mit Verlogenheit gleichsetzen. Advent ist eine Zeit auch des Träumens. Träume sind legitim!" Ich schlug mich tapfer für den Advent, dabei war ich durchaus angekratzt von den Argumenten der Gegenseite. Die Geschehnisse der Welt verursachen schon ohnedies einen bitteren Geschmack im Mund, der beim Anblick von Kerzen, bunten Kugeln und Lametta noch etwas bitterer werden kann. Ich fing an, mich zu fragen, ob Weihnachtsträume tatsächlich legitim sind oder nur gemacht, den Misthaufen Welt für einige Zeit unter sich unsichtbar zu begraben. Ich fand keine Antwort. Ich gelangte nur zu dem Schluß, daß in der Weihnachtszeit eine gewisse Hoffnung begründet lag. Vielleicht gab es bei einigen wenigen doch ein bißchen Besinnlichkeit, Sensibilisierung, ein Stück Erinnerung an vergangenen Zauber, der sie innehalten, zurückblicken, nachdenken, sehnsüchtig werden ließ. In Stefans Blick hatte Sehnsucht gelegen, als er seinen Glitzerkalender betrachtete. Es war Sehnsucht gewesen, die mich hatte losziehen lassen, Herzen und Engel und Sterne zum Ausstechen der Plätzchen zu kaufen. Dem Kerzenanzünden im Advent lag ein uraltes Verlangen der Menschen nach Wärme und Geborgenheit zugrunde. Es schien mir nicht das schlechteste Verlangen, von dem die Menschen bewegt werden.

„Ich hatte heute früh eine Maus als Bild in meinem Kalender", sagte Stefan am nächsten Tag provokant. Ich grinste zurück. „Und ich einen Gartenzwerg."

„Haha!"

Wir gingen Eva besuchen.

„Du weißt, sie steht nicht auf Weihnachten", warnte ich Stefan vorher, „also fang nicht plötzlich an, ‚Ihr Kinderlein kommet…' zu singen!" Bei Musikstudenten kann man nie wissen…

Eva wirkte verlegen, als sie uns erblickte. „Ach, ihr seid es", sagte sie gedehnt, „kommt nur herein."

„Wir wollten dich zum ersten Advent besuchen", sagte Stefan. Aus Evas Küche roch es nach Gebackenem.

„Nur, um es gleich vorwegzunehmen", sagte Eva, „ich habe jetzt auch einen Adventskranz." Olala! Wir schauten einander betreten an. Eva sprach schnell weiter: „Einen unangepaßten natürlich!" Natürlich. Ich mußte an Kerzen mit dem Konterfei Maos oder Che Guevaras denken. Gespannt betraten wir das Wohnzimmer.

Auf Evas Wohnzimmertisch (einem Brett, das auf dem Boden zwischen roten Matratzen lag) stand ihr ganz persönliches Weihnachtstraumgebilde. Um einen Pappring hatte sie Tannenzweige gebunden – allerdings tatsächlich nur die Zweige. Die Nadeln hatte sie entfernt. Sie weise damit auf das Waldsterben hin, erklärte sie. Statt Kerzen steckten vier Räucherstäbchen in der Pappe (aus einem Laden stammend, der fünf Prozent seines Gewinnes an Greenpeace abführt). Um die kahlen Zweige schlang sich eine leuchtendgelbe Schleife, auf der mit grellroter Farbe „Solidarität mit Nicaragua" gefordert wurde.

Evas Verlegenheit wich Stolz. „Ist der nicht irre?" fragte sie. Wir fanden das auch. Wir setzten uns um den Kranz herum und blickten glücklich in den Rauch des Räucherstäbchens. Ich dachte noch einmal über Weihnachtsträume und Sehnsüchte nach. Jedem die seinen! Im Augenblick hatte keiner von uns Probleme mit dem Advent.

HEINZ G. KONSALIK

Advent heißt
Ankunft

Die Baustelle befand sich am Rande der Stadt, dort, wo die Wüste wieder begann, wo die neuen, in der Hitze flimmernden Straßen aus körnigem Asphalt im Sand versickerten, die künstliche Bewässerung aufhörte und das Schweigen der Unendlichkeit zwischen Himmel und Erde lag.

Es war eine riesige Baustelle mit einem Wald von Kränen und Gerüsten, Baggern und Planierraupen, schweren Lastwagen und Gebirgen von Steinen, Zementsäcken, Brettern, Balken und Röhren. In drei Schichten, Tag und Nacht, drehten sich die großen Mischmaschinen, dröhnten Bohrhämmer und Rammen, knirschten Loren über die Gleise und rappelten die Karrenaufzüge. Es wimmelte von Menschen, die – am Tag unter glühender Sonne, in der Nacht im Licht von Hunderten von Scheinwerfern an hohen Stahlmasten schuftend – Mauer um Mauer hochzogen, Bogengänge und Säulen gossen und so einen

25

Gebäudekomplex schufen, der einmalig auf der Welt sein sollte: Das neue, einer kleinen eigenen Stadt gleichende Einkaufszentrum von Dubai, dem Emirat am Persischen Golf, dem kleinen Staat, der auf Erdöl schwamm.

Nicht weit von dieser Baustelle entfernt lagen die Camps. Das eine, „Victoria I." genannt, bestand aus den Steinbaracken der Bauleitung, des Konstruktionsbüros, der Küche und des „Casinos", den flachen Häusern der Ingenieure und Vorarbeiter, dem Magazin, der Wäscherei und den Garagen. Camp „Victoria II.", nicht vollklimatisiert wie „Victoria I.", beherbergte das Heer der Arbeiter – Araber aus allen Teilen der arabischen Halbinsel, Nubier aus dem Sudan, Farbige aus Somalia, chinesische Köche und Inder, die im Camp ein paar Läden gegründet hatten und die an die vierhundert Menschen alles verkauften, was zu verkaufen war, nur keinen Alkohol. Sogar eine winzige Moschee mit einer kleinen Kuppel hatte man aus Fertigbauteilen errichtet, und wenn der Muezzin über einen Lautsprecher zum Gebet rief, knieten die Gläubigen auf den staubigen Lagerstraßen nieder und verbeugten sich tief in Richtung Mekka.

Es war Anfang November, als Chefingenieur Rudolf Sadowski, der Leiter des „Projektes Warenhaus" der Deutschen Bau-Gesellschaft DBG, den Ingenieur Heinz Blankenburg zu sich in die Chefbaracke rief. Das Büro war ein spärlich möblierter weißgetünchter Raum, in dem der breite, mit Plänen übersäte Schreibtisch, vier Korbsessel in der Ecke und ein runder, ebenfalls aus Rohr geflochtener Tisch sofort auffielen. Über der Wand hinter dem Schreibtisch hing als einziger Schmuck ein Farbfoto des Emirs von Dubai.

Blankenburg, von einem Kontrollgang kommend, wedelte sich mit seiner langschirmigen Mütze Luft zu, als er ins Zimmer trat. Gelber Staub bedeckte sein Gesicht und den weißen Leinenanzug. Er war ein mittelgroßer, schlanker Mann mit zurückgekämmten Haaren, die jetzt von Schweiß glänzten.

„Nur wer in der Wüste schmort, kann verstehen, daß man sich nach Kälte sehnt", sagte er. „Früher sind wir vor dem Regen in den Süden ausgerissen... lieber Himmel, was gäbe ich dafür, würde es hier nur einmal regnen!" Er steckte die Mütze in die Hosentasche und dehnte sich in der Kühle, die aus der Klimaanlage strömte. „Du wolltest mich sprechen, Rudolf?"

„Ja. Setz dich, Heinz."

„Hoppla, dann wird es erst." Blankenburg

griff sich einen der Korbsessel und sah Sadowski zu, wie dieser aus einem Kühlschrank eine große Flasche Orangensaft holte, zwei Gläser vollschüttete und sie an den runden Tisch brachte. Die Alibiflasche – Orangensaft war wirklich drin, aber gemischt mit Wodka. Auch den Deutschen war es eigentlich verboten, im Camp Alkohol zu trinken. Wenn sie abends nach Dubai hineinfuhren und an der Bar eines der internationalen Hotels saßen, war das etwas anderes. Die Hotels waren eine Art neutrales Gebiet – die Camps aber lebten nach den Geboten Mohammeds.

„Was ist los?"

Sadowski setzte sich Heinz gegenüber und hob sein Glas.

„Auf dein Wohl und darauf, daß du alles gut verdaust."

„Was soll ich verdauen, Rudolf?"

„Mit deinem Urlaub wird es nichts, Heinz. Du weißt, wir haben eine Monatsquote für den Heimaturlaub, den nach den Arbeitsverträgen ja schließlich die Firma bezahlen muß. Und die Anmeldungen für Dezember hatten diese Grenze weit überschritten. Also mußten wir uns eine gerechte Beschränkung ausdenken. Und da hat die Bauleitung entschieden, daß diesmal nur Familienväter berücksichtigt werden. Das sind genau vierundzwanzig Mann, die nach Hause zur Mutti und zu den Kindern dürfen. Sowieso schon zwei mehr, als wir geplant hatten. Da ist für dich nun wirklich nichts mehr drin."

Blankenburg schob die Unterlippe vor, trank einen großen Schluck und sagte dann: „Ich bin auch ein Familienvater, Rudolf…"

„*Noch* nicht."

„Aber kurz davor."

„Wann soll das Kind kommen?"

„Anfang Dezember, sagt Martina. Also in knapp vier Wochen. Unser erstes Kind – da möchte ich gern dabeisein."

„Es geht nicht, Heinz!" Sadowski hob hilflos die Hände. „Deine Kollegen haben zwei, drei und mehr Kinder… die sind also bereits Familienväter. Den Unterschied mußt du doch akzeptieren. Im Januar ist im Urlaubsfonds wieder Geld, da kannst du dann deinen Antrittsbesuch beim Familienzuwachs machen."

Blankenburg nickte. Unser erstes Kind, dachte er. „Du mußt kommen" – hat Martina in jedem Brief geschrieben, bei jedem Telefongespräch betont. „Du mußt bei mir sitzen und mir die Hände halten! Ich will dich sehen, wenn das Kind kommt… deine Augen, dein Gesicht... deine Stimme will ich hören... ich habe solche Angst, dann allein zu sein. Komm – komm – komm!" Und jetzt ist es klar: Ich werde durch den Staub der Wüste von Dubai gehen, wenn du deine schwerste Stunde hast. Aber im nächsten Jahr werde ich Weihnachten dabeisein, werde auch ich auf der Liste stehen, denn dann bin ich ja ein Familienvater.

„Es wird schwer sein", sagte er und trank das Glas leer, „schwer, Martina das zu erklären."

„Versuch es bitte, Heinz." Sadowski klopfte Blankenburg auf die Schulter. „Ich kann nicht anders. Vorschrift ist Vorschrift. Gerade aus Freundschaft darf ich da keine Ausnahme machen."

In dem flachen weißen Häuschen, das man für jeden der leitenden Ingenieure gebaut hatte, wartete Jussuf Dawasir auf „seinen Herrn". Jussuf stammte aus einem Dorf bei Al'Idd, und da es dort mehr Sand und Steine als Körner und Datteln gab, war er, als das große Bauprojekt bekanntgegeben wurde, mit einem Esel losgezogen und hatte sich bei der Einstellungskommission beworben. Die Beamten des Bauministeriums von Dubai lachten ihn aus; Jussuf war sechzig Jahre alt, keuchte, wenn er einen dicken Stein aufheben mußte, und lahmte nach einer Stunde, wenn er eine schwere Schubkarre geschoben hatte. Man jagte ihn aus den Büros, und so traf er draußen vor dem Ministerium den deutschen „Herrn" Blankenburg, klagte diesem sein Leid und wurde als „Butler" von ihm eingestellt.

„Fahren wir?" fragte Jussuf, als Blankenburg zurückkehrte. Er sagte immer „wir", denn er und sein Herr gehörten zusammen.

„Nein." Blankenburg ließ sich auf eine Art Diwan fallen. „Nur Männer mit Kindern."

„Und nun traurig, sehr traurig?"

„Ja."

„Was soll ich erst sagen, Herr? Keinen Urlaub seit über einem Jahr, und zu Hause warten vierzehn Kinder auf mich..."

„Vierzehn?"

„Von drei Frauen!" Jussuf warf sich in die Brust. Kindersegen ist der Stolz jedes Arabers. „Neun Jungen..."

„Das ist es, Jussuf. Ich habe nur eine Frau, eine junge, schöne Frau, wir kennen uns erst seit zwei Jahren, und nun kommt das erste Kind. Du alter Sünder bist darüber längst hinaus."

Am Abend saß Heinz vor dem Telefon,

31

drückte den Hörer dicht an sein Ohr und wartete darauf, daß im Tausende von Kilometern entfernten München abgehoben wird. Endlich knackte es, und eine weiche, fast scheue Stimme sagte: „Ja?"

„Mein Engel..." Blankenburgs Stimme erstickte fast in dem Glücksgefühl, das ihn plötzlich überwältigte, „mein geliebter Engel..."

„Heinz!" Wie ein kleiner Aufschrei klang das, wie das Hineinstürzen in geöffnete Arme. „Wie schön, dich zu hören."

„Ich liebe – liebe – liebe dich..." sagte er und schloß dabei die Augen. Er sah sie vor sich, ihre großen blauen Augen, die blonden gelockten Haare, ihren lächelnden Mund mit den leicht geöffneten Lippen, ihren schlanken Hals, dessen Beuge er so gerne küßte, weil sie sich ihm dann entgegenbog und er ihren Körper spürte. Es war ihm, als umarme er sie, und er flüsterte ihr ins Ohr: „Ich möchte dich streicheln und küssen und umarmen..."

„Ich dich auch." Ihre Stimme wurde leiser und noch weicher, die Worte begannen zu schweben. „Ich fühle deine Hände, deine Lippen, deine Zärtlichkeit... Warum bist du jetzt nicht bei mir?"

„Ich bin bei dir, mein Schatz. Ich denke

an dich, am Tag, in der Nacht, wenn ich aufwache, bevor ich einschlafe – wo ich auch bin, wo ich gehe, wo ich sitze, du bist bei mir. Ich zeige dir alles, was ich sehe: die Moscheen, die unendliche Wüste, die Kamelkarawanen, die prächtigen Paläste, die Altstadt von Dubai mit ihren engen Gassen und Höhlengängen, die niedrigen weißen Häuser mit den flachen Dächern, auf denen die Frauen unverschleiert sitzen dürfen. Du hörst mit mir den Ruf des Muezzin vom Minarett, das nächtliche Heulen der Wüstenfüchse, das heisere Kreischen der Geier, den Schrei, mit dem die Kamele angetrieben werden, das Hämmern der Gold- und Silberschmiede und den Singsang der blinden Bettler. Immer und überall bist du bei mir, und ich zeige dir alles und spreche mit dir, weil du in mir bist, ein Teil von mir. So unendlich liebe ich dich, mein Engel!"

Er hörte, wie sie atmete, hörte ihren leisen Seufzer und wußte, daß sie jetzt den Kopf senkte und auf das Klopfen ihres Herzens hörte. „Danke –" sagte sie dann nach einer Stille voll Sehnsucht und Glück. „Danke . . . auch du bist immer bei mir. Immer."

„Wie geht es dir, mein Schatz?"

„Es wird ein munteres Kind. Es tritt und

tritt, manchmal habe ich Angst, daß mir der Bauch platzt. Kommst du im Dezember?"

„Ich hoffe es", log er. Es war ihm unmöglich, ihr jetzt die Wahrheit zu sagen. „Es ist noch nichts entschieden. Weißt du, der Bauminister Omar ben Khalifa hat da auch ein Wort mitzureden. Und hier geht eben alles langsamer."

„Aber du kommst, Heinz! Nicht wahr, du kommst?"

„Natürlich komme ich, Liebling." Nur wann, dachte er – das weiß noch keiner. „Ich umarme dich, ich küsse dich... Gute Nacht, mein Engel."

Er legte schnell auf, warf sich aufs Bett, starrte gegen die weiße Decke und fühlte sich als der einsamste Mensch auf dieser Welt.

In der Nacht schrak er hoch. Neben ihm auf dem Nachttisch läutete das Telefon. Ein Blick auf den Wecker: drei Uhr morgens. Mit einem Gähnen hob er ab.

Eine leise, zärtliche Stimme: „Heinz..."

„Mein Liebling!" Plötzlich war er hellwach, setzte sich im Bett auf und umklammerte den Hörer. „Was ist los, mein Engel?"

„Ich habe solche Sehnsucht nach dir. Ich mußte deine Stimme hören. Wenn ich nur bei dir sein könnte. Doch jetzt geht es mir besser, viel besser – ich höre dich wenigstens. Du bist ein wunderbarer Mann. Von der ersten Stunde an, in der wir uns sahen, in dem kleinen Krawattenladen – weißt du es noch, du konntest dich nicht entscheiden, ob Streifen oder Blüten, und ich habe gesagt: ‚Nehmen Sie die Streifen, die passen gut zu Ihrem Anzug‘ – schon von dieser Stunde an habe ich dich geliebt. Es war, als risse man mein Herz auf... ein wundervoller Schmerz!"

„Wie sind deine Haare?" fragte er und atmete tief durch.

„Blond, mit einem Schimmer Gold... wie immer."

„Weißt du noch, wie ich mit deinen Haaren gespielt, sie um meinen Finger gewickelt, den Flaum in deinem Nacken geküßt habe? Und du hast gelacht, dich in meinen Armen gebogen und mir die Lippen hingehalten, weil du geküßt werden wolltest?"

„Ich werde das nie vergessen. Nie. Ich spüre dich, mein Herz. Wann kommst du zu mir?"

„So schnell wie nur möglich. Und nun schlaf schön, mein Engel, schlaf und träum von mir... von uns ... Ich küsse dich!"

Am nächsten Morgen begegneten sich Sadowski und Blankenburg auf der Campstraße. Sie gingen zum Konstruktionsbüro.

„Hast du es Martina gesagt?" erkundigte sich Sadowski.

„Nein, Rudolf, ich konnte es einfach nicht. Ich... ich hatte nicht den Mut dazu."

„Aber sie muß es bald erfahren, Heinz."

„Ja. Morgen oder übermorgen. Wenn ich ihre glückliche Stimme höre... verdammt, es wäre wie ein Peitschenhieb!" Er blieb abrupt stehen, und auch Sadowski stoppte verblüfft ab. „Rudolf, ich weiß nicht, ob ich wieder hierher zurückkomme, wenn ich im Januar fahren kann."

„Mensch, denk nicht so was! Red keinen Unsinn, Heinz! Wir brauchen dich hier. Halt noch ein Jahr durch... Martina hast du ein ganzes Leben lang. Meinst du, ich hätte keine Sehnsucht nach meiner Monika? Du bist doch nicht der einzige, der von zu Hause träumt! Junge, reiß dich zusammen! Du bist hier in einem Märchenland, vielleicht geschieht ja noch ein Wunder."

Und das Wunder geschah.

Ein tragisches Wunder, das Heinz Blankenburg sich nie gewünscht hätte.

Am 4. Dezember sackte plötzlich ein Laufsteg des Gerüstes weg. Der Bauingenieur Ferdinand Hiller, der ihn gerade entlangging, fiel sechs Meter tief, ehe er auf einem anderen Steg aufschlug. Die Alarmsirene heulte, ein Ambulanzwagen brachte Hiller in rasender Fahrt ins Hospital nach Dubai, und bereits während des Transportes versorgte ein Arzt den Verletzten, gab ihm Sauerstoff und legte eine Infusion mit einem kreislaufstärkenden Mittel an.

„Er hat ein unbeschreibliches Glück gehabt", sagte der Chefchirurg zu Sadowski, als man Hiller untersucht hatte. „Drei Rippen gebrochen, das linke Bein und den linken Arm. Doch keine inneren Blutungen. Er sieht jetzt aus wie ein Denkmal aus Gips. Und das wird er vier Wochen lang bleiben."

„Ist er transportfähig? Ich meine, kann man ihn nach Deutschland fliegen? Er wollte Weihnachten dort verbringen."

„Davon würde ich abraten. Das kann mehr schaden als nützen. Wie wäre es denn, wenn Sie die Familie herkommen lassen würden? Die kann ihn dann jeden Tag besuchen. Und für etwas Weihnachtsdekoration können Sie ja sorgen."

Sadowski schoß sofort ein Gedanke durch den Kopf. Er nickte dem Arzt lächelnd zu, verließ das Hospital und fuhr zu Omar ben Khalifa, dem Bauminister von Dubai.

Als er zum Camp „Victoria I." zurückkehrte, hielt er vor Blankenburgs Bungalow, klopfte dem öffnenden Jussuf leutselig auf die Schulter und riß die Tür zum Wohnraum auf. Blankenburg lag auf dem Diwan und sah sich im Fernsehen des Emirats einen amerikanischen Krimi an. Sadowski schaltete das Gerät ab.

„Man sollte es nicht für möglich halten!" sagte er laut, aber er lachte dabei. „Liegt der Kerl hier faul herum und stiert in die Glotze! Los, fang an zu packen! Guck nicht so dämlich ... Morgen geht dein Flugzeug von Scharjah nach München. Hier sind die Tickets!" Er warf Heinz die Flugscheine zu. Blankenburg war so verblüfft, daß er keine Anstalten machte, die Papiere aufzufangen. „Ich komme gerade aus dem Hospital und von Khalifa. Hiller muß hierbleiben, du kannst seinen Quotenplatz einnehmen. Denn Khalifa läßt auf Kosten des Emirats die Frau und den Jungen von Hiller einfliegen. Das belastet unser Budget nicht. Alles ist also in Butter und freut sich, nur du siehst ausgesprochen blöd aus! Junge, bete, daß du noch zurechtkommst..."

Am frühen Morgen des 6. Dezember landete Blankenburg in München, und noch aus der Ankunftshalle rief er bei sich zu Hause an.

Aber nicht Martina meldete sich, sondern seine Tante Hilde aus Starnberg.

„Wie geht es Martina?" fragte Blankenburg aufgeregt.

„Gut, nehme ich an." Tante Hildes Stimme schwankte etwas. „Wo bist du, Heinz?"

„Eben in München gelandet." Er stockte. „Was machst *du* denn bei uns, Tante?"

„Nimm dir ein Taxi und sag dem Fahrer, er soll so schnell fahren, wie er kann. Strafzettel bezahlst du! Vielleicht kommst du noch rechtzeitig hin – Privatklinik Professor Wesseler in Bogenhausen. Heute nacht gingen die Wehen los. Beeil dich, Junge…"

Blankenburg warf den Hörer auf die Gabel, rannte wie ein Verfolgter zu den Taxis, sprang in das nächste hinein und schrie den erstaunten Fahrer an: „Bogenhausen, Klinik Wesseler. Schnell, schnell… meine Frau bekommt das Kind."

„Das erste?" fragte der Fahrer gemütlich.

„Ja! Ja! Ich zahle alle Strafen, doch fahren Sie endlich los!"

„Das erste Kind! Da dreh'n wir alle durch. Ich auch … das war vor neun Jahren. Gott, was war ich verrückt! Dann mal los, wie auf'm Nürburgring…" Er startete den Motor.

„Wie ist's mit Blumen?"

„Nachher, Mann, nachher . . . Nur erst hin... hin..." Der Taxifahrer vollbrachte ein wahres Wunder. Genau elf Minuten später stürmte Blankenburg in die Klinik, prallte auf zwei Ärzte und eine dicke Schwester und wurde einen langen Gang entlanggeführt.

„Wo?" rief er. „Wo liegt sie?"

„Psst!" Die Schwester legte den Finger auf den Mund. „Schreien Sie doch nicht so. Heute ist Sonntag... der zweite Advent... Hören Sie doch, im Klinikradio... in der Kapelle singen sie gerade ,Macht hoch die Tür, die Tor' macht weit' – Da sind wir. Zimmer 29. Ruhig, ganz ruhig, Herr Blankenburg, Ihre Frau ist noch recht schwach."

Und dann stand er in dem weißen Zimmer mit dem weißen Bett, aus dem Lautsprecher über der Tür tönte leise der Gesang aus der Kapelle, und Martina wirkte blaß und zerbrechlich in den Kissen; den linken Arm hatte sie angewinkelt, und in diesem Arm lag ein winziges Etwas mit einem runden Kopf, einem Stupsnäschen und geschlossenen Augen, hatte die kleinen Händchen zu Fäusten geballt und war selig im Schutz der mütterlichen Wärme.

„Mein Engel", stammelte Blankenburg, kam auf Zehenspitzen näher, beugte sich über Martina und küßte sie, erst die Augen, dann die Stirn, danach die Halsbeuge und zuletzt den Mund. Langsam und behutsam, damit das Kleine nicht aufwachte, hob sie die rechte Hand und streichelte Heinz über das Haar und den Nacken.

„Du bist doch gekommen", flüsterte sie. „Wie schön ... wie schön ... Heinz, du weinst ja. Es ist doch alles vorbei, er ist da, er sieht aus wie du ... er ist so schön!"

Blankenburg drehte den Kopf zur Seite. Durch den Schleier der Tränen sah er seinen Sohn an, diese Winzigkeit von Mensch, dieses Wunder, das aus ihm und Martina entstanden war, und er schob seinen Kopf an den kleinen Kopf seines Kindes, küßte die rosa Öhrchen und das Stupsnäschen, sah, wie die geschlossenen Liderchen zuckten und die winzigen Lippen sich vorwölbten, als wollten sie den Kuß erwidern.

„Ich danke dir, Martina", sagte er leise und legte seinen Kopf in ihren anderen Arm. „Es ist das schönste Kind auf dieser Welt. O Gott, welch ein Tag!"

Advent war es, und Advent heißt Ankunft ... Ankunft für ein neues Leben, für eine große Liebe, für eine Zukunft zu dritt.

SUSANNA KUBELKA

Nur ein Tannenzapfen aus Gips

Am dritten Adventssonntag lehnt Grete Weinhaupt jede Einladung ab. Sie empfängt auch keinen Besuch, wie sonst am Wochenende üblich. Ihre Tochter weiß es, ihre Enkelkinder akzeptieren es, ja, in der gesamten Verwandt- und Bekanntschaft hat sich herumgesprochen, daß Grete Weinhaupt, so gastfreundlich sie das ganze Jahr hindurch ist, am dritten Adventssonntag nicht gestört werden will!

Dieser Tag nämlich ist für die zierliche, weißhaarige Dame heilig. Dieser Tag gehört einem alten Ritual.

Gleich nach dem Frühstück geht sie in ihr großes, sonniges Wohnzimmer, macht im Kachelofen Feuer und räumt den Tisch ab. Sie hat sich besonders hübsch frisiert, eine helle Seidenbluse angezogen und ihren Schmuck hervorgeholt, den sie sonst kaum trägt. An diesem Tag aber will sie schön sein. Und der kostbare alte Ring mit den Türkisen, die dazu

passenden Ohrringe und ein schweres Gold-
armband mit Halbedelsteinen bringen sie
erst richtig in Stimmung.

„So", sagt sie nach einer halben Stunde
laut zu sich selbst, „nun fangen wir an!" Es ist
inzwischen warm geworden und gemütlich,
und draußen hat es zu schneien begonnen.
Sorgsam öffnet sie ihre geschnitzte Bauern-
truhe, holt zwei große grüne Schachteln heraus, stellt sie auf den Tisch und beginnt sie
vorsichtig, ganz vorsichtig auszupacken.

Aus lila Seidenpapier schält sie einen
kostbaren Engel mit vergoldeter Posaune. Aus
einer roten Dose zieht sie ein Silbernetz mit
glitzernden Sternen. Filigrane Laternen mit
Scheiben aus blauem Glas kommen ans Licht
und mundgeblasene Kugeln, die schimmern
wie der Regenbogen.

Grete Weinhaupt besitzt prachtvollen
Christbaumschmuck, den schönsten der gan-
zen Familie, und alle beneiden sie darum.
Seit dem Krieg hat sie gesammelt, Jahr für
Jahr dazugekauft, ein Stück ist teurer als das
andere, sie hat keine Kosten gescheut.

Inmitten der erlesenen Dinge jedoch
liegt ein weißer Tannenzapfen aus Gips. Er ist
unverziert, die Spitze ist abgebrochen. Kein
Glitzerstäubchen verleiht ihm Weihnachts-

zauber. Er ist schäbig, staubig, kalkig und alt, und zum Aufhängen ragt ein Stück Schnur in die Luft. Er paßt gar nicht zu den kostbaren Sachen auf dem Tisch, doch Grete Weinhaupt scheint das nicht zu stören.

Im Gegenteil! Zärtlich nimmt sie ihn in die Hand, blickt versonnen auf das häßliche Ding und streicht sanft mit dem Finger darüber. Lange steht sie so da, tief in Gedanken versunken, bis sie von der Türglocke aufgeschreckt wird. Nein! denkt sie, ich öffne *nicht!* Heute laß ich mich nicht stören. Dieser Tag gehört meinem Christbaumschmuck und meinen Erinnerungen! Doch dann erkennt sie das Familiensignal, einmal kurz, zweimal lang. Irgend etwas muß passiert sein, etwas Schreckliches, zweifellos, denn ohne Grund stört man sie nicht am dritten Advent!

Draußen im tief verschneiten Garten steht Linda, ihre Tochter. Sie trägt ihren Pelzmantel, hat Schneeflocken im Haar. Ihre Augen sind gerötet, offensichtlich hat sie geweint. Sie ist blond, hübsch, sehr schlank und wirkt völlig verzweifelt.

„Um Himmels willen! Was ist passiert?" ruft Grete Weinhaupt entsetzt. „Ist jemand verunglückt?"

„Nein, das nicht."

„Ist einer von euch unheilbar krank?"

„Auch nicht!"

„Ist das Haus abgebrannt?"

Linda schüttelt den Kopf.

„Wunderbar", sagt Grete Weinhaupt, „komm trotzdem herein. Geh ins Wohnzimmer, dort ist es warm. Ich hab den Kachelofen geheizt. Wir trinken eine Tasse Tee zusammen, dann sieht alles gleich anders aus. Leg ab, mein Kind. Mach dir's bequem."

Sie geht in die Küche, kehrt zurück mit heißem Tee und duftenden Zimtsternen, stellt alles auf den Tisch, auf dem der Schmuck liegt, und winkt Linda herbei. „Setz dich zu mir. Aber sei vorsichtig. Paß auf, daß du nichts hinunterwirfst." Dann schenkt sie Tee ein und reicht die volle Tasse ihrer Tochter.

„Danke", sagt Linda, „danke, Mutti. Schön ist es bei dir. Und Zimtsterne hast du auch gemacht. Für mich?"

„Extra für dich. Das ist doch dein Lieblingsgebäck. Nimm!" Sie hält Linda den Teller hin. Doch diese schüttelt den Kopf. „Ich kann nicht." Tränen ersticken ihre Stimme. „Ich bin so unglücklich! Verzeih!" Es dauert ein paar Minuten, bis sie sich beruhigt. Dann beginnt sie stockend zu erzählen.

„Mutti, Bruno ist gekündigt worden. Erinnerst du dich? Er war die letzte Zeit so seltsam, seit Wochen war er kaum zu Haus, und vorhin kommt er in die Küche, ich hab gerade den Marzipanstollen gemacht, den die Kinder so gern essen, er kommt also herein, stellt sich vor mich hin und sagt: ‚Ab Weihnachten bin ich arbeitslos. Dir erzähl ich's als erste. Sei so nett und bring's den andern bei.' Dann ist er mit dem Wagen weggefahren, wohin, weiß ich nicht. Und ich hab alles liegenlassen und bin zu dir gelaufen. Ich hab's zu Haus nicht mehr ausgehalten."

Grete nimmt die Hände ihrer Tochter und streichelt sie.

„Armes Kind", sagt sie leise, „du tust mir ja so leid."

„Ausgerechnet jetzt die Kündigung", Tränen laufen über Lindas Wangen, „ausgerechnet jetzt, wo wir das teure Auto gekauft haben. Und die Kinder sind für den Skikurs angemeldet, zwei Wochen in Tirol. Und einen Sommerurlaub haben wir auch gebucht. Und das Haus ist noch nicht abbezahlt. Ach, Mutti, es ist so furchtbar, am liebsten würde ich sterben. Das wird das schrecklichste Weihnachten, das du dir vorstellen kannst."

„Nein", sagt Grete und läßt die Hand ihrer Tochter los, „nein, mein Kind, da irrst du dich. *Ich* kann mir viel schrecklichere Weihnachten vorstellen, das mußt du mir glauben. Gib mir den weißen Tannenzapfen, sei so lieb, dort liegt er, neben dem Engel. Sieh ihn dir gut an, und ich erzähl dir eine Geschichte."

„Den scheußlichen Gipszapfen?" fragt Linda überrascht. „Hängst du den heuer wieder auf den Baum?" Dann betrachtet sie das schäbige Ding zum erstenmal in ihrem Leben genauer. Dort, wo die Spitze abgebrochen ist, steht eine Jahreszahl. „1945", liest sie laut, „hast du das draufgeschrieben?"

„Ja, das hab ich. 1945! Und weißt du, mein Kind, damals waren wirklich schreckliche Weihnachten, die schrecklichsten, die *ich* mir vorstellen kann."

Linda wischt die Tränen von ihren Wangen. „Erzähl", bittet sie die Mutter und faltet die Hände im Schoß, „das interessiert mich. Wie war's?"

„Kalt", sagt Grete Weinhaupt und fröstelt bei der Erinnerung, „eiskalt war's, Linda. Die kälteste Weihnacht in meinem ganzen Leben. Und dieses Gipszeug war unser einziger Christbaumschmuck. Es hat nichts gegeben. Keine Kerzen, kein Lametta, keine Kugeln, nichts! Nur schäbige Tannenzapfen aus Gips.

Und diesen einen hab ich aufgehoben, damit ich es nie vergesse, das erste Weihnachten nach dem Krieg."

„Weißt du", fährt sie nach einer kleinen Pause fort, „das halbe Haus war von einer Bombe weggerissen. Der Keller war verschüttet, und gerade im Keller war der Christbaumschmuck und die schönsten Möbel und die Gläser und das Geschirr. Wir haben alles hinuntergeräumt, damit bei den Angriffen nichts passieren kann. Aber das war nicht das schlimmste. Das schlimmste war, wir hatten kein Glas. Alle Fenster waren kaputt. Ich hab Bretter darübergenagelt. Kannst du dir das vorstellen? Bretter statt Fensterglas? Im Winter? Bei minus zehn Grad?"

„Nein", sagt Linda, „Gott sei Dank hab ich das nicht mehr erlebt." Sie nimmt einen Schluck Tee und sieht erwartungsvoll auf ihre Mutter. „Und dann? Wie ging's weiter?"

„Im Zimmer hab ich einen Ofen gehabt", fährt Grete Weinhaupt fort, „einen kleinen Sägespäneofen. Die gibt's heute nicht mehr. Aber damals hat jeder einen gehabt. Und einmal am Tag haben wir Sägespäne bekommen, unten am Fluß, in der Möbelfabrik. Nicht viel. Gerade genug, daß man zwei Stunden hat heizen können. Aber die zwei Stunden, in denen es warm war, Linda, das war dann wie im Paradies!"

„Schlechte Zeiten", nickt Linda, „aber trotzdem kannst du das mit heute nicht vergleichen. Damals war alles anders."

„Unsinn!" sagt Grete Weinhaupt. „Linda, den Satz kann ich nicht mehr hören. Natürlich kann man vergleichen. Wir waren warme Zimmer gewöhnt, genau wie ihr. Wir hatten Badezimmer und warmes Wasser und Glühbirnen in den Lampen, hältst du uns für Wilde?"

„Natürlich nicht! Entschuldige, Mutti."

„Ist schon gut. Also, paß auf. Eigentlich hab ich damals gar nicht feiern wollen. Mir war viel zu kalt. Ich bin im Bett gelegen, den ganzen Vormittag, und hab mich nicht gerührt. Aber zu Mittag ist plötzlich die Nachbarin gekommen. ‚Frau Weinhaupt', hat sie gerufen, ‚stehen Sie auf! Stellen Sie sich vor, Ihr Mann ist entlassen worden. Ich hab's gerade erfahren. Angeblich kommt er heute noch heim!' Linda! Kannst du dir das vorstellen? Wie der Blitz bin ich aus dem Bett gesprungen. In meinen löchrigen Schuhen bin ich durch die halbe Stadt gelaufen, es war genau soviel Schnee wie heute. Ich hab ein Bäumchen aufgetrieben und diese Tannenzapfen aus Gips. Und am Schwarzmarkt hab ich russischen Tee besorgt und ein kleines Fläschchen Rum. Nur Zucker gab's keinen. Es war wie verhext. In der ganzen Stadt kein Zucker. Nichts zu machen. Ich hab auch Sägespäne geholt, aber ich hab nicht eingeheizt. Ich hab sie aufgespart, damit er's warm hat, falls er wirklich kommt. Dann hab ich den Baum geschmückt, und dann hab ich gewartet."

Grete Weinhaupt blickt liebevoll auf ihre Tochter.

„Um fünf war er immer noch nicht da. Sechs. Sieben. Acht. Ich war verzweifelt. Aber um halb neun hab ich seine Schritte gehört. Ich hab sofort gewußt: Das ist er! Ich bin zur Tür gelaufen, hab sie aufgerissen, und er war's! Linda! Wir sind uns in die Arme gesunken! Eine Ewigkeit haben wir uns gehalten. Es war herrlich! Über ein Jahr hab ich ihn nicht gesehen, hab nicht einmal gewußt, wo er war. Er hat furchtbar gelitten, war abgemagert, kaum 50 Kilo hat er gewogen, dabei war er ein großer Mann, ein Meter neunzig groß. Er war so mager, ich hab ihn kaum wiedererkannt!

‚Grete', hat er gesagt und zärtlich über mein Haar gestrichen, ‚ich hab dich so vermißt, ich kann's dir gar nicht sagen.' Dann haben wir uns geküßt, und dann haben wir uns an den Händen gehalten und uns nur angesehn. ‚Und einen Christbaum hast du auch‘, hat er dann gesagt, ‚und Tannenzapfen. Wo hast du die her?‘

‚Extra für dich gekauft‘, hab ich geantwortet, ‚damit Weihnachten ist, wenn du kommst. Und russischen Tee hab ich auch und eine kleine Flasche Rum. Nur Zucker hab ich keinen, den hab ich nirgendwo auftreiben können.‘

Da hat er gelächelt. ‚Ich hab dir auch was mitgebracht‘, hat er gesagt und zieht aus seiner Hosentasche eine braune Papiertüte. Und weißt du, was drinnen war? Zehn Stück Würfelzucker. Süßer weißer Würfelzucker. Noch nie hab ich mich so über Zucker gefreut. Das war ein echtes Weihnachtsgeschenk!

Ich hab dann gleich eingeheizt und den Tee gemacht, dann haben wir den Zucker reingetan und den Rum. Und dann haben wir uns aufs Bett gesetzt, ganz dicht nebeneinander, den Tee getrunken und uns festgehalten und geküßt, die ganze Nacht. Es war eine zweite Hochzeitsnacht, Linda. Deine Nacht. Denn du bist damals entstanden.“

„So eine schöne Geschichte“, sagt Linda

gerührt. „Warum hast du sie mir nicht früher erzählt?"

„Weil ich sie aufheben wollte. Verstehst du das? Für einen Tag wie heute, wo sie gebraucht wird. Und sie hat schon genützt. Du lächelst wieder."

„Ja wirklich", sagt Linda überrascht, „danke! Danke, Mutti!"

„Schon gut!" Grete räuspert sich. Ihre Augen sind feucht geworden, doch sie will ihre Rührung nicht zeigen. „So war's damals. Und jetzt hör mir gut zu, mein Kind. So schlimm wird's bei euch nie werden. Dein Mann ist zwar gekündigt, aber er wird nicht an den Folgen von Unterernährung sterben wie dein Vater. Ihr werdet auch nicht hungern oder frieren oder obdachlos auf der Straße stehn, nur weil Bruno jetzt Arbeit suchen muß. Verstehst du, was ich sagen will? Und wenn er ein ganzes Jahr nichts finden sollte, was ich bezweifle, und du auch, denn tüchtig ist er, wie wir wissen, selbst wenn er zwölf Monate suchen muß, werdet ihr immer noch Glas in den Fenstern haben. Ihr werdet nie Bretter über Fensterstöcke nageln müssen, so wie mir das damals nicht erspart geblieben ist. Was kann euch denn geschehn? Im Notfall verkauft ihr das neue Auto. Im Notfall gibt's

keinen teuren Sommerurlaub. Ich hab jahrelang keinen Urlaub machen können und
hab's überlebt. Aber, Linda, und das ist wichtig: Es wird auch wieder besser. Ich hab nie
wieder Gipszapfen kaufen müssen, obwohl
ich 1945 nicht gewußt hab, wie es wieder
besser werden könnte. Ich hab mir diesen
wunderbaren Christbaumschmuck leisten
können. Jedes Jahr schöneren, denn im Leben
geht's immer wieder bergauf. Es gibt immer
Hoffnung. Vergiß das nicht!"

Grete Weinhaupt erhebt sich.

„Am besten, du gehst jetzt heim, mein
Schatz. Den Kindern sagst du nichts, dafür ist
nach Weihnachten Zeit genug. Mach ruhig
deinen Marzipanstollen fertig. Und freu dich,
daß du es warm hast und daß du nicht die
Zuckerstücke zählen mußt."

Linda küßt ihre Mutter zum Abschied. An
der Tür aber dreht sie sich noch einmal um.
„Gibst du mir den Tannenzapfen mit? Ich paß
gut auf ihn auf."

„Nein, der bleibt bei mir. Aber wenn ihr
kommt, am Weihnachtsabend, hänge ich ihn
gut sichtbar vorne auf den Baum. Ist dir das
recht?"

„Sehr recht. Auf Wiedersehn, Mutti. Ich
hab fast keine Angst mehr!"

„Auf Wiedersehn, mein Kind. Zimtsterne für dich wird's auch immer geben, und ich helfe euch, wo ich kann." Sie winkt ihrer Tochter nach, die durch den märchenhaft verschneiten Garten geht. Dann räumt sie das Teegeschirr ab, nimmt den Gipszapfen in die Hand und betrachtet ihn liebevoll.

„Danke!" sagt sie leise zu dem schäbigen alten Ding.

Dann legt sie eine Platte mit Weihnachtsliedern auf und fährt fort, ihren kostbaren Christbaumschmuck auszupacken.

CHARLOTTE LINK

Wirklich clever, dieser dieser Weihnachtsmann

Ich wußte natürlich von Anfang an, daß das ganze Haus über mich herziehen würde, wenn Susanne auf meine Anordnung hin den Hund fortschaffen müßte. „Das nette junge Mädchen", würde es heißen, und „der süße, arme Hund!" Und außerdem war Adventszeit, da sind die Leute im Vergleich zum übrigen Jahr dreimal so sentimental. Dabei hätten sie sich mit ein bißchen kühlem Verstand sagen müssen, daß ich recht hatte: Machen denn Hunde noch etwas anderes als Lärm? Und Schmutz? Und das ist in den Wochen vor Weihnachten weiß Gott nicht anders als sonst. Im Gegenteil, ich sah sie schon, die Schneespuren im Treppenhaus. In *meinem* Treppenhaus! Denn ich bin der Besitzer – und damit verantwortlich dafür, daß hier alles seinen geordneten Gang geht.

Susanne, das Mädchen aus dem dritten Stock, hatte die kleine braune Hündin aus Spanien mitgebracht. Maroussia hatte am

Rand einer staubigen Landstraße gelegen, mit zwei gebrochenen Beinen und zum Skelett abgemagert. Natürlich, so eine Geschichte geht einem schon nahe, und ich finde es ja auch in Ordnung, daß Susanne dieses arme Bündel Haut und Knochen aufgesammelt und mitgebracht hat. Aber warum soll es jetzt in meinem Haus leben? Wozu gibt es Tierheime?

„Heute ist der dritte Advent", sagte ich zu Susanne, „bis zum vierten haben Sie Zeit, diesem Hund ein neues Zuhause zu suchen. Es tut mir leid, aber hier ist Tierhaltung nun einmal verboten. Ich kann da keine Ausnahme machen."

Susanne erwiderte nichts, aber sie sah mich lange und eindringlich an. Es war wie verhext; sie und der spanische Hund hatten dieselben tiefdunklen, maurischen Augen.

„Also", murmelte ich, „eine Woche. Das müßte reichen."

Sämtliche Familien im Haus nahmen lebhaften Anteil an Susannes Versuchen, für Maroussia einen neuen Platz zu finden. Und ich selbst mußte mir immer wieder die neuesten Geschichten anhören; meine Kinder erzählten sie mir, und jeder Mieter, den ich im Aufzug oder im Gang traf, berichtete mir sofort aufgeregt von Susannes und Maroussias Abenteuern.

Also – das mit dem Tierheim war schiefgegangen. Susanne hatte den Hund abgeliefert, war auch noch irgendwie zu ihrem Auto zurückgelangt, hatte es aber dort – offenbar inzwischen blind vor Tränen – nicht mehr über sich gebracht, alleine nach Hause zu fahren. Und so kehrte sie schnurstracks um, holte Maroussia aus dem Käfig und kreuzte hier wieder mit ihr auf. Da die Frist noch nicht abgelaufen war, sagte ich nichts. Fairneß muß sein.

Der nächste Anlauf war eine Annonce in der Zeitung. „Kleine braune Hündin sucht neues Zuhause..." Meine jüngste Tochter, die gerade erst Lesen gelernt hatte, las mir den Text beim Frühstück stockend und fehlerhaft, aber erbarmungslos von Anfang bis Ende vor. Alle drei Kinder sahen mich an, als hätten sie einen Schwerkriminellen vor sich.

„Jetzt werden sich bald liebe, nette Menschen für die liebe, nette Maroussia finden", sagte ich munter. Keines der Kinder antwortete. Meine Tochter stand auf und verließ schweigend das Zimmer. Im Radio spielten sie „Oh, du fröhliche..."

Wie man sich so im Haus erzählte, hatte

die Annonce eine durchschlagende Wirkung, allerdings nur insofern, als Abend für Abend wildfremde Menschen zu Susanne in die Wohnung stolperten, einen kurzen Blick auf den Hund warfen und im übrigen dies alles als eine Art Einladung ansahen, den Abend in angeregter Unterhaltung mit einer hübschen jungen Frau zu verbringen. Ganze Familien erschienen, Ehepaare, einsame Männer – aber keiner, soweit ich das durch meinen Tür-spion erkennen konnte, verließ das Haus mit einem Hund an der Leine.

„Es wird einfach keiner gut genug sein", meinte ich zu meiner Frau, „wahrscheinlich sucht sie ein Fürstenschloß für diese Marous-sia."

„Ach was, es ist so, daß niemand diesen armen spanischen Hund will", entgegnete meine Frau und warf mir einen anklagenden Blick zu. Ich fühlte mich langsam verfolgt. Gab es denn niemanden, der Verständnis für *meine* Gründe hatte?

In unserem Haus lebte ein alter Mann, und der nahm besonderen Anteil am Schicksal von Susanne und Maroussia. Jeden Tag kaufte er eine Dose Hundefutter, die er vor Susannes Wohnungstür stellte. Alle im Haus liebten diesen alten Mann, besonders die Kinder, denn einmal im Jahr, am vierten Advent, verkleidete er sich als Weihnachtsmann und zog in einem roten Mantel und mit einer roten Mütze auf dem Kopf von Wohnung zu Wohnung und verteilte kleine Geschenke an die Kinder. Eine nette Idee, das mußte ich ja zugeben, aber ich glaube, ich war immer ein bißchen eifersüchtig, wenn meine Kinder voller Begeisterung von ihm sprachen. Oder mit Problemen zu ihm statt zu mir gingen.

So wie mit der Katze.

Die Katze tauchte zwei Tage vor dem vierten Advent in unserem Vorgarten auf, genauer gesagt, direkt unter unserem Wohnzimmerfenster. Ein mageres Tier mit struppigem Fell und entzündeten Augen. Offenbar hatte sie keinen Besitzer, aber warum, um alles in der Welt, mußte sie gerade zu uns kommen? Sie saß den ganzen Tag auf dem Fensterbrett, eng an die Glasscheibe gepreßt, und maunzte. Maunzte zum Gotterbarmen. Ihr spitzes Gesicht hob sich als helles Dreieck von der frühen winterlichen Dämmerung ab. Überflüssig zu sagen, daß meine Kinder auf der anderen Seite des Fensters klebten und fast genauso anhaltend und herzzerreißend jammerten wie die Katze.

„Kommt, wir zünden die Kerzen am Adventskranz an", versuchte ich sie abzulenken. Das war für gewöhnlich *die* Sensation. Nicht so heute.

„Wir haben schon den Weihnachtsmann um Hilfe gefragt", sagte meine Tochter. Ich seufzte. „Das ist kein Weihnachtsmann. Das ist ein ganz normaler Mann! Nur weil er einmal im Jahr..."

„Er sagt, er kann die Katze nicht zu sich nehmen", fuhr meine Tochter ungerührt fort, „weil du das hier im Haus verboten hast. Warum hast du es verboten?"

Ich fragte mich, womit ich es verdient hatte, in so unangenehme Grundsatzdiskussionen verwickelt zu werden. Statt einer Antwort zog ich rasch die Vorhänge zu, um das Katzengesicht draußen nicht mehr sehen zu müssen.

„Wir singen jetzt Weihnachtslieder!" bestimmte ich.

Der Gesang fiel mager aus. Immer wieder brach eines der Kinder ab, lauschte nach draußen und fragte die anderen: „Schreit sie noch?" Und dann lauschten sie alle, und tatsächlich, zart wie das Läuten einer kleinen silbernen Glocke klang die Stimme der Katze von draußen herein.

In der Nacht hatte es geschneit. Im Laufe des Tages wurde es immer kälter, als leuchtendroter Ball hing die Sonne am fahlen Winterhimmel.

Ich traf Susanne und Maroussia an der Haustür. Der Hund wedelte vergnügt mit dem Schwanz, Susanne aber sah blaß und übernächtigt aus. Sie grüßte mich mit leiser Stimme.

„Na, jetzt sagen Sie nur, es hat sich immer noch niemand für diesen hübschen Hund gefunden?"

„Niemand", entgegnete Susanne. Ich schüttelte den Kopf. „Aber es kommen doch ständig Interessenten?"

„Ja, aber die meisten suchen einen reinrassigen Hund. Oder sie suchen gar keinen, sondern wollen nur einmal in eine andere Wohnung hineinschauen, jemanden kennenlernen. Einer wollte sich sogar Geld pumpen. Ja, und …" sie schaute mich nicht an, sondern blickte an mir vorbei zum Horizont, wo die Sonne hinter den Bäumen unterging, „morgen ist der vierte Advent…"

Die Katze miaute den ganzen Abend vor unserem Fenster. Allmählich gewann ich den Eindruck, daß sich sämtliche leidenden Kreaturen dieser Erde ausgerechnet in meinem Haus versammelten. „Warum geht sie nicht woandershin?" fragte ich gereizt. Wir saßen alle vor dem Kamin, blickten in die Flammen und lauschten auf das Knistern der brennenden Holzscheite. Das heißt, wir hätten gern gelauscht. Meist aber war die Stimme der Katze lauter.

Niemand antwortete auf meine Frage.

„Morgen kommt der Weihnachtsmann", wechselte ich das Thema.

Es antwortete immer noch niemand. Aha, jetzt wurde ich also geschnitten. Noch ein paar Tage, und meine Widerstände würden erlahmen. Ich beschloß, früh schlafen zu gehen. Eine tolle Adventszeit dieses Jahr, wirklich!

Der Weihnachtsmann kam tatsächlich am nächsten Tag. Er hatte sich einen langen weißen Bart angeklebt, und seine himmelblauen Augen blitzten. Für die Kinder kramte er Schokoladennikoläuse hervor, Strohsterne und Glaskugeln, in denen es schneite, wenn man sie schüttelte. Dann sah er sie alle der Reihe nach an.

„Was wünscht ihr euch denn vom Christkind?" fragte er.

Die Antwort kam wie aus der Pistole

geschossen, und noch dazu im Chor: „Wir wollen, daß unser Vater die Katze hereinläßt!"

Der alte Mann schaute mich an. „Es ist bald Weihnachten", sagte er leise.

Das war der Moment, da ich kapitulierte. Sentimentaler Narr, der ich bin, aber irgendwie ging es mir ans Herz – die bettelnden Augen der Kinder, der alte Mann in seinem roten Mantel, aber vor allem die Stimme, mit der er sagte: „Es ist bald Weihnachten."

„In Gottes Namen, holt die Katze herein", sagte ich erschöpft. Der alte Mann lächelte mir zu und wandte sich zum Gehen, ich kämpfte mit mir, aber dann hielt ich ihn zurück.

„Was Recht ist", knurrte ich, „muß Recht bleiben. Wenn ich hier eine Katze habe, kann ich Susanne nicht gut ihren Hund verbieten, nicht wahr? Sagen Sie ihr – mein Adventsgeschenk –, sie kann den Hund behalten. Wenn's sein muß!"

Es tat gut, wirklich, ich muß zugeben, es tat gut, in die warmen, freundlichen Augen des Weihnachtsmannes zu blicken.

Natürlich bin ich kein Dummkopf. Ich weiß längst, was hier gelaufen ist. Ich habe das leere Baldrianfläschchen im Müll gefunden.

Und ich habe Baldrian gerochen – auf meinem Fensterbrett. Wirklich clever, dieser Weihnachtsmann. Um Maroussia zu retten, setzte er mich mit einem anderen Tier unter Druck. Eine heimatlose Katze ist leicht aufzutreiben. Und ich fragte noch: „Wieso kommt sie immer wieder zu uns?" Jeder weiß, mit Baldrian kann man Katzen verrückt machen. Es zieht sie magisch an. Und bringt sie zum Schreien.

Ja, so war das. Aber komischerweise war ich gar nicht ärgerlich an diesem Abend. Alle vier Kerzen auf dem Adventskranz brannten. Wir sangen Weihnachtslieder, und auf dem Sofa lag die Katze und putzte ihr weißes struppiges Fell.

CHARLOTTE LINK

Das Pferd, die Fee und die Weihnachtsnacht

Es hätte so romantisch sein können, und als Bild betrachtet, wirkte es sicher auch bezaubernd, doch in Wirklichkeit war dieses ganze Abenteuer in der Hauptsache von Kälte geprägt und schließlich auch von steigender Verzweiflung. Wir trotteten die stillen, dunklen Straßen entlang, am dritten Advent, durch weichen Schnee, Stefan und ich, und zwischen uns ging ein Pferd, eine kleine, zarte weiße Stute mit himmelblauen Augen in einem müden, überanstrengten Gesicht. Sie lief nun schon seit anderthalb Stunden geduldig mit uns, obwohl sie sich bestimmt nach einem warmen Stall mit viel Heu und viel Ruhe sehnte. Doch gerade danach suchten wir so fieberhaft, und in uns schwand allmählich die Hoffnung, noch irgendwann erfolgreich zu sein.

Eigentlich wollten wir beide nie ein Pferd, eigentlich wollten wir an diesem Abend nur über den Weihnachtsmarkt in unserer

Stadt bummeln, Zuckerwatte essen, Glühwein trinken und kitschigen Tannenbaum-
schmuck einkaufen. Wir wollten uns vom
bunten, glitzernden Weihnachtsrummel ein-
hüllen lassen, aber es wurde dann alles sehr
brutal und ganz und gar nicht weihnachtlich.
Inmitten der quirlenden Menschenmassen,
zwischen schreienden Kindern, die an den
Händen ihrer starknervigen Mütter zerrten,
und Vätern, die ein wenig albern ihre Fröh-
lichkeit demonstrierten und Lebkuchenher-
zen durch die Luft schwenkten, zwischen
Karussells, Musik und Geschrei entdeckten
wir das weiße Pferd, das außer uns niemand
zu bemerken schien. Es zockelte mit einigen
anderen Ponys in einer Manege herum, einen
gewaltigen Sattel tragend, die Augen halb
geschlossen, sichtlich benommen vom Geschrei der Leute und von der unermüdlich
aus einer Ecke dröhnenden „Stillen Nacht".
Stefan und mir fiel sofort die große, schlecht
verheilte Wunde am Bauch des Tieres auf.
Obwohl die kleine Stute bei jedem Schritt ein-
knickte, wurden pausenlos quengelnde Kinder auf sie hinaufgehoben, und die Besitzer
zerrten sie unbarmherzig weiter, wenn sie erschöpft stehenbleiben wollte.

Wie gesagt, wir hatten nie vor, ein Pferd

zu kaufen. Aber der Anblick, das scheußliche Zusammenspiel von Grausamkeit und Christkindidylle, ließ uns nicht los. Auch kam es mir so schicksalhaft vor, als seien wir bestimmt, das Tier zu erlösen. Daß wir auf dem riesigen Markt gerade hier vorbeikamen, daß wir ansahen, wovon alle Leute sich rasch abwandten, daß wir, zu allem Überfluß, auch noch viel Geld bei uns hatten...

„Wir kaufen das Pferd", sagte Stefan entschlossen. „Ja, wir kaufen es", stimmte ich zu.

Die Besitzer zeigten sich über unser Vorhaben höchst amüsiert und hielten uns ganz offensichtlich für vollkommen verrückt. Sie stießen unartikulierte Begeisterungslaute aus und verlangten schließlich achthundert Mark. Stefan und ich kratzten die Scheine zusammen, erhielten eine krakelige Quittung und einen Strick mit der weißen Stute daran.

„Sie hat hellblaue Augen", stellte ich überrascht fest, „hast du jemals ein Pferd mit hellblauen Augen gesehen?"

„Nein", meinte Stefan, noch ganz überwältigt von unserer raschen Tat, „aber findest du das bei einem Pferd schön?" Ich fand es wunderschön.

Es wurde früh dunkel an diesem Dezemberabend, was uns die Sache nicht gerade leichter machte. Stefan wohnte in einer Neubauwohnung, und ich ebenfalls, und keiner von uns war in der Lage, ein Pferd bei sich unterzustellen. Wir probierten es im Tierheim, aber dort teilte man uns erschrocken mit, auf so große Tiere nicht eingerichtet zu sein. Wir sollten es in der Reitschule versuchen. Da jedoch war kein Platz frei. „Da könnte ja jeder kommen", sagte der Besitzer entnervt, als Stefan ihm immer höhere Geldbeträge bot für den Fall, daß er vielleicht doch eine Möglichkeit finden sollte. Ich bemerkte, daß er schon mit Summen rechnete, die wir gar nicht besaßen, was auf wachsende Panik hindeutete.

Schließlich, es begann inzwischen wieder zu schneien, gingen wir zur Polizei. Leider gerieten wir an einen neunmalklugen Oberlehrer.

„Ja, wenn man keinen Stall hat, dann kauft man auch kein Pferd! So einfach ist das."

„Wir wollten aber doch auch gar kein…"

„Vorher nachdenken, mein Fräulein, *vorher!*"

Wir standen wieder auf der Straße, und es war einfach zum Heulen. Die Geschichte schrie geradezu nach einem Happy-End, denn ich fand, daß wir alle drei, das Pferd mit seiner Verletzung, Stefan und ich mit unseren halberfrorenen Nasen, eine Freundlichkeit des Schicksals verdient hätten. Und tatsächlich – die Freundlichkeit kam. Ein einsamer Spaziergänger berichtete uns von einer Frau, die in einem alten Bauernhof am Stadtrand lebe, viele Tiere besitze und sicher auch noch Platz für ein armes Pferd habe. Es klang wie ein Märchen, zu schön, um wahr zu sein, aber wir hielten uns daran fest. Wir stapften den Weg entlang, der uns beschrieben worden war, todmüde, das weiße Pferd neben uns.

Das Märchen erwies sich als Wirklichkeit. Die gute Fee gab es, einen Stall hatte sie auch, und sie willigte sofort ein, das Pferd dort hineinzustellen. Sie zeigte uns ihren Hof, ihre Hunde und Ziegen und Katzen und Scharen von Gänsen, die sie davor bewahrt hatte, als Weihnachtsbraten zu enden. Sie kam mir als die schönste Frau vor, die ich jemals gesehen hatte, und dieses Bild blieb auch später noch, nach diesem Abend, an dem ich zweifellos dazu neigte, in ihr einen Engel zu sehen. Sie war zart und jung, hellblond, und ihre Augen hatten das gleiche helle Blau wie die unseres Pferdes.

Wir besuchten die Stute in der nächsten Woche jeden Tag. Wir hatten sie Lilli genannt, ein Name, auf den sie bald schon hörte und

mit einem hellen Wiehern antwortete. Rüh-
renderweise begleitete mich Stefan jedesmal,
rührend deshalb, weil er sich nie viel aus Tieren gemacht hatte. Überhaupt liebte ich ihn
mehr als jemals zuvor, seit er auf dem Weihnachtsmarkt so spontan gehandelt hatte. Ich
kannte ihn schon sehr lange, aber ich hatte
ihm nie so viel Entschlossenheit zugetraut.
Meiner Ansicht nach waren Männer tolle
Theoretiker, die jedoch praktisch ihren eigenen gewaltigen Plänen immer ein ganzes
Stück hinterherhinkten. Stefan hatte mich eines Besseren belehrt, und er bewies nun sogar
Durchhaltevermögen. Er hielt sich viele Stunden hintereinander im Stall auf und zeigte in
unzähligen Gesprächen mit unserer Fee auch
ein brennendes Interesse an deren anderen
Tieren. Er führte Lilli im Schnee spazieren,
zahlte ohne mit der Wimper zu zucken die
schließlich anfallenden Tierarztrechnungen
(von denen ich geschworen hätte, daß er sie
mir überlassen würde) und schuf damit eine
Idylle, der ich mich nur zu gern, erste Ungläu-
bigkeit schnell besiegend, mit einer behag-
lichen Wonne hingab.

Was jeder nun längst ahnt – ich begriff es
als allerletzte. Ich habe mich stets als miß-
trauische und nüchtern denkende Person ein-

geschätzt, doch der Weihnachtsstimmung und dem zauberhaften Flair der geglückten Rettung ging ich bereitwillig auf den Leim. Die blonde Fee lud uns ein, den Weihnachtsabend mit ihr zu verbringen. Wir kauften Geschenke, wobei Stefan mich von einem Geschäft ins andere schleppte, weil ihm nichts schön genug erschien, und endlich, am Abend des vierundzwanzigsten Dezember, begaben wir uns zum Hof hinaus, mit Paketen beladen und in bester Stimmung. Stefan summte sogar Weihnachtslieder vor sich hin. Die Fee hatte einen Tannenbaum im Wohnzimmer stehen, unter dessen ausladenden Zweigen sich ihre Hunde und Katzen malerisch verteilten.

Es verlief zunächst alles so, wie es sein sollte. Wir packten unsere Päckchen aus, bedankten uns jubelnd beieinander und aßen dann köstliche Salate, so viel, daß wir ganz schwerfällig wurden. Die Fee brachte eine Flasche Sekt herbei.

„Wir wollen auf das Pferd trinken", sagte sie, „das uns zusammengeführt hat."

Und da, beim Sekt, begriff ich es endlich.

Über die hohen Gläser mit der goldenen, blitzenden Flüssigkeit sahen Stefan und die Fee einander mit Blicken an, die mich fast hintenüber vom Stuhl hätten kippen lassen. Stefan wirkte schon beinahe schwachsinnig vor Zärtlichkeit, und die Fee versank geradezu in ihm. Für einen Moment hatten die beiden meine Anwesenheit vollkommen vergessen. Ich erkannte – zugegeben spät, aber dafür auch ohne jede Illusion –, daß für mich das Spiel aus war. Gut, das zu wissen, dachte ich benommen, wirklich gut, es endlich zu wissen...

Ich stand auf.

„Lilli ist ganz allein im Stall", erklärte ich mit brüchiger Stimme, „ich werde sie mal besuchen."

„Ja, tu das", entgegnete Stefan erfreut, ohne im geringsten zu bemerken, was mit mir los war. Die Fee sah mich aus ihren blauen Augen an, erstaunlich sachlich, eigentlich auch mitleidslos, als sei alles ganz natürlich, aber etwas anderes hätte ich jetzt auch nicht ertragen. Ich lief eilig hinaus, über den Hof hinweg, in den Pferdestall hinein. Lilli wieherte glücklich. Sie schob mir ihre weiße Nase entgegen, die ich pflichtbewußt streichelte, und sah mich aus blauen Augen – aus *denselben* blauen Augen – aufmerksam an.

„Weißt du, ich glaube, du bist ein Unglückspferd", murmelte ich und fügte düster hinzu: „Was meinst du wohl, was die im Haus jetzt gerade machen?" Lilli wußte es wohl, denn sie rieb tröstend ihren Kopf an meiner Schulter.

„Wenn wir dich damals nicht gekauft hätten", fuhr ich fort, „dann wäre das nicht passiert. Und es kam mir doch so schicksalhaft vor!"

Aber es war auch schicksalhaft, schien Lilli zu sagen, was denn sonst? Es mußte so kommen – du solltest mich befreien, und du solltest diesen Mann verlieren, so oder so!

„Na ja, aber gerade an Weihnachten", jammerte ich. Durch das kleine Fenster in der Wand hinter Lilli sah ich hinaus auf sternenüberglänzten Schnee. Ich kam mir plötzlich schrecklich sentimental vor. Es tat ja vor allem deshalb so weh, weil gerade alles so schön gewesen war. Schnell streichelte ich das Pferd wieder.

„Es tut mir überhaupt nicht leid, dich zu haben", versicherte ich, „aber weißt du, was ich jetzt erkannt habe? Es gibt einfach keine Märchen – oder jedenfalls immer nur für einen ganz kurzen Augenblick. Sie verfliegen so schnell, wie sie kommen. Es gibt keine märchenhaften Weihnachtsmärkte und keine blonden Feen von überirdischer Güte. Es gibt arme Pferde, hübsche Frauen und untreue Männer und Weihnachtsabende, die in Tränen enden, das ist halt so, nicht wahr!"

Lilli wieherte leise, und nun blickten ihre hellblauen Augen ganz sanft drein – und auch ihr kam das alles ganz natürlich vor.

DORIS JANNAUSCH

Weihnachten mit Füchslein

Elisabeth trat in das kerzenhelle Zimmer und blieb unentschlossen stehen. Die festliche Dekoration paßte nicht zu den Alltagsmienen der Beteiligten, die an dem hübsch geschmückten Baum vorbeisahen, die Uhr im Augenwinkel, mit sehnsüchtigem Blick zum Fernsehapparat. Tochter Birgit blätterte in einem Journal, ihr Mann Hans-Jörg unterhielt sich mit dem Schwiegervater über den Regierungswechsel in einem Bundesland.

„Der Braten braucht noch eine Weile", sagte Elisabeth und lächelte schwach. „Wie wär's mit einem Weihnachtslied?"

„Mit leerem Magen singen", brummte Bernhard, ihr Mann. Er legte die Hände auf seinen nicht gerade unansehnlichen Bauch. „Wir könnten ja einfach nur zusammensitzen und mal gar nichts tun. Höchstens ein wenig nachdenken."

„Nachdenken – worüber?" Birgit schaltete den Fernsehapparat ein, was Hans-Jörg mit befreitem Aufatmen registrierte.

Weihnachtliche Choräle, Glitzerdekoration, Tannenbäume aus Pappmaché, mit künstlichem Schnee bestäubt. Eine herausgeputzte Sängerin verkündete mit lupenreinem Sopran, daß ein Ros' entsprungen sei, mitten im kalten Winter. Sie wurde von einem beliebten Tenor abgelöst, der diesmal nicht wie sonst aus einem der festspielfreudigen Opernhäuser kam, sondern von viel weiter her, nämlich „vom Himmel hoch", was er schmetternd berichtete, bis ein Chor niedlich aussehender Sängerknaben mahnend eingriff: „Still, still, still, weil's Kindlein schlafen will..."

Birgit und Hans-Jörg summten mit, ebenso pflichtgemäß wie gedankenlos. Sie dachten daran, daß sie nachher nach Hause fahren wollten, vierzig Kilometer weit, mindestens eine gute Stunde bei den ungünstigen Verkehrsverhältnissen.

Bernhard gähnte, warf einen Blick auf die Uhr, löschte die herabgebrannten Kerzen, bestückte den Baum mit neuen, ohne sie anzuzünden, schaltete das Licht ein, holte aus der Hosentasche zwei Rennie, weil das Sodbrennen wieder losging.

Im Fernsehen begann ein alter Film mit Cary Grant in der Hauptrolle: ein Engel, von den himmlischen Behörden zur Erde geschickt, um die Ehe eines Bischofs zu retten. Die Familie kannte die Geschichte, alle Jahre wieder kam nicht nur das Christkind, sondern auch Cary Grant, der attraktive Engel im flotten Anzug. Dennoch wollten sie sich den Film ansehen, um der Langeweile zu entgehen.

Elisabeth aber zog sich in die Zimmerecke zurück, an das Tischchen mit der Stehlampe, neben dem Bücherregal, auf dem die Fotoalben lagen. Wahllos griff sie nach einem und blätterte darin. Einige Bilder hatten sich selbständig gemacht, das lag wohl an dem schlechten Klebstoff damals, denn es war ein sehr altes Album. Ein Foto flatterte zu Boden. Sie hob es auf und betrachtete es: der Marktplatz einer kleinen Stadt.

Eine Universitätsstadt in Sachsen. Dort hatte Elisabeth studiert, gleich nach dem Krieg. Auch ein netter Junge war auf der Uni gewesen, mit lustigen Augen, rötlichem Haarschopf und einem Spitznamen. Wie hatten sie ihn bloß genannt?

Füchslein. Alle nannten ihn Füchslein.

Das paßte zu ihm, denn er war schlau

und wißbegierig und sehr ehrgeizig. Oft gab es stürmische Auseinandersetzungen, die aber zum Glück niemals ernsthaft ausarteten. Sie liebten sich sehr, lagen unter der Bettdecke, hörten Musik aus Füchsleins kleinem Radio, schwelgten in Smetanas „Mein Vaterland", in Gershwins „Rhapsody in Blue", konnten nicht genug bekommen, schliefen zusammen ein, wachten auf, umarmten sich und genossen das Gefühl zusammenzugehören. Die Welt war lange ohne Liebe gewesen, sie hatte keinen Platz dafür in der aus den Fugen geratenen Zeit, die Menschen dachten nur an eines: zu überleben. Nun aber gingen sie aufeinander zu, schlossen Freundschaften, rückten eng zusammen, um Hunger und Kälte besser zu überstehen.

Elisabeth und Füchslein zeigten offen, wie sehr sie sich mochten, kümmerten sich nicht darum, was andere über sie dachten. Sie lachten, sangen und küßten sich, wann immer sie Lust dazu hatten.

Das war sehr oft. Da Küsse aber leider nicht satt machen, hatten sie ständig Hunger, mehr als die Abschnitte ihrer Lebensmittelkarten erlaubten. Also kauften sie sich etwas, das es ohne Marken gab. Sauerkraut zum Beispiel. Das futterten sie, bis ihnen übel wurde.

„Jetzt was Süßes", beschloß Füchslein, der wie sie auf Kontraste aus war.

Sie zählten ihre Zuckermarken, legten zusammen, kauften Fondant, ein abscheuliches Zeug, das nach Seife schmeckte. Ringe, Vierecke, Sternchen und Herzen in den giftigsten Farben. Nachdem sie die bunte Pracht verdrückt hatten, war ihnen wiederum von den Süßigkeiten elend; die Zunge klebte am Gaumen, sie begannen von vorn: mit Sauerkraut.

Was für eine Zeit! Sie büffelten, diskutierten nächtelang mit Gleichgesinnten, waren fest davon überzeugt, die Welt verbessern zu können, denn sie hatte es sehr nötig. Der Friede war noch jung und stand auf unsicheren Beinen.

Engel gab es selten. Und wenn, sahen sie anders aus als Cary Grant. Zum Beispiel Frau Hitschold, Elisabeths Wirtin, die den jungen Leuten zuweilen selbstgepflückte, eingemachte Kirschen spendierte, die sie gemeinsam entkernt hatten. Auch Stachelbeeren, Pflaumen und Birnen aus ihrem Garten. Frau Hitscholds Kompott bildete den Höhepunkt im Alltag der erhitzten Weltverbesserer. Ab und zu rückte Füchsleins Wirtin mit einer anderen Köstlichkeit heraus: süß-sauer eingelegten Senfgurken. – In den Köpfen der Mädchen und Jungen brodelten die unausgegorenen Ideen, in den Bäuchen gurgelte das Kompott mit den Senfgurken um die Wette, weil sich beides nicht miteinander vertragen wollte. Doch was machte das schon! Zu essen hatten sie zwar wenig. Auch kein Geld. Aber eine ganze Menge Hoffnung.

Kurz vor Weihnachten fuhr Elisabeth zu ihren Eltern in die Altmark, wo sie vorläufig Unterschlupf gefunden hatten, nach der Vertreibung aus der Heimat. Die Züge waren überfüllt, gingen nur ratenweise, oft ohne Anschlüsse. Immer wieder umsteigen, aussteigen, streckenweise zu Fuß marschieren, weil die Gleise zerstört waren, nachlösen an den Schaltern – so vergingen zwei Tage, in denen Elisabeth nicht aus den Kleidern gekommen war und auch so gut wie nicht geschlafen hatte. In Stendal ging ihr das Geld für die letzte Strecke aus. Die restlichen Pfennige reichten gerade noch für eine Brühe im ungeheizten Wartesaal: eine Flüssigkeit, die auffallend an Abwaschwasser erinnerte. Doch sie war heiß, wärmte den vor Kälte erstarrten Körper.

Elisabeth überlegte, was zu tun sei. Zurückfahren konnte sie nicht ohne Geld. Die Eltern wollten ihr die Rückfahrt bezahlen, doch dazu mußte sie erst mal bei ihnen sein. Sie seufzte und wünschte sich ein Wunder.

Ein älterer Herr saß an ihrem Tisch und beobachtete sie. Schließlich sprach er sie an: „Verzeihung, ich mische mich nur ungern ein, aber Sie sehen nicht sehr glücklich aus. Kann ich Ihnen vielleicht helfen?"

Sie antwortete nicht gleich. Sollte sie dem fremden Mann sagen, daß ihr das Geld für die Weiterfahrt fehlte? Das sah nach Bettelei aus. Doch der Mann fragte und fragte, bis sie nachgab, einen roten Kopf bekam und ihm sagte, worum es ging.

Da holte er lachend die Brieftasche heraus und legte einen Schein auf den Tisch. „Das Unglück kann man leicht beheben", meinte er. „Wird's reichen?"

Sie starrte das Geld an. „Aber wieso?" stammelte sie verlegen. „Weshalb – ich meine, Sie kennen mich doch gar nicht."

„Wenn schon", er forderte sie auf, den Schein zu nehmen, und fügte hinzu: „Sie können mir den Betrag ja zurückgeben."

„Mein Vater wird sofort…"

Der Mann wehrte ab. „Das eilt nicht. Jeder kann mal in eine ähnliche Lage geraten in diesen chaotischen Zeiten. Wir müssen einander helfen, so gut es geht." Er erhob sich.

„Mein Zug wird aufgerufen."

„Warten Sie", Elisabeth lief hinter ihm her. „Ihre Adresse, damit wir das Geld..."

Da war er bereits im Gedränge verschwunden, ohne sich umzusehen.

Nachts kam sie in Gardelegen an. Es war eine frostklare Winternacht. Elisabeth hatte einen Fußmarsch von elf Kilometern vor sich. Also schulterte sie den Rucksack und marschierte los, die schnurgerade Landstraße entlang, ganz allein mit sich selbst. Über die flachen Felder fegte ein kalter Wind. Kahle Bäume froren am Straßenrand, verdichteten sich zu einem Wald. Plötzlich hörte sie Schritte hinter sich. Sie begann zu laufen, die Nebelfahne ihres Atems vor sich, den hüpfenden Rucksack auf dem Rücken.

„Keine Angst", rief eine Stimme, „ich tu Ihnen nichts."

Ihr Herz blieb fast stehen vor Schreck. Ein Mann holte sie ein, war mit einem Sprung an ihrer Seite: jung und kräftig. Er lachte sie an. „Wohin so spät in der Nacht?"

Die Furcht schnürte ihr die Kehle zu, doch sie mußte antworten, um ihn nicht zu reizen. Nur keine Stille aufkommen lassen! Sie berichtete von ihrer Reise, stockend zunächst, dann immer schneller, sie redete hastig und viel zu laut. So verging die Zeit. Der junge Mann fragte, ob er ihr den Rucksack tragen dürfe. Sie dachte an Räuberei und andere schlimme Dinge, doch die Schultern taten ihr weh, die Riemengurte schnitten ein, und die Knie gaben nach. Darum ließ sie sich überreden und gab ihm den Rucksack. Er trug ihn vergnügt, als hätte er eine Feder auf dem Rücken.

Endlich kamen sie in dem kleinen Dorf an. Ein fahler Morgen dämmerte herauf, ließ alles trostlos aussehen. Elisabeth war noch nie hiergewesen, wußte nicht, wo die Eltern wohnten.

„Ich heiße übrigens Wolfgang", stellte sich ihr nächtlicher Begleiter vor. „Wolfgang Aldinger."

Auch sie nannte ihren Namen und fügte hinzu: „Meine Eltern wohnen bei einer Familie Aldinger."

„Dann sind Sie die sehnlichst erwartete Tochter der Hübners", wieder lachte der junge Mann übers ganze Gesicht. „Ihre Eltern wohnen bei meinen Eltern. Zufall, nicht? Hier sind wir schon."

Ein kleines, weiß angestrichenes Haus mit winzigen Sprossenfenstern. Ausgetretene Stufen führten zum Eingang hinauf. Wolf-

gang angelte den Schlüssel aus der Hosentasche, doch die Tür flog bereits auf: Elisabeths
Eltern standen da, hatten die ganze Nacht
gewartet und sich Sorgen gemacht. Es gab
Umarmungen, Küsse, Freudentränen.

„Hast du sie etwa abgeholt, Wolfgang?"
erkundigte sich der Vater.

„Ich wußte ja nicht, wann sie ankommt",
antwortete er. Wolfgang war beim Tanzen gewesen, in Gardelegen. Er ging meilenweit für
einen langsamen Walzer. „Aber wenn ich es
gewußt hätte, Herrgott..." Er starrte Elisabeth
an, drehte sich auf dem Absatz um und stürzte die Treppe hinauf, wo die Aldingers wohnten. Von oben rief er noch ein hastiges „Gute
Nacht!" zurück, obwohl es doch schon Morgen war.

Die zwei Stuben, die Elisabeths Eltern
bewohnten, waren ärmlich. Sie lagen neben
dem Stall, aus dem man das Muhen und
Scharren der Kühe hörte. Frau Aldinger hatte
einige entbehrliche Möbel hineingestellt, Tannenzweige und Kerzen machten den Wohnraum behaglich. Im Kanonenofen brannte
ein helles Feuer, Holzscheite knackten und
dufteten harzig, das Eisenrohr glühte. Elisabeth zog die Schuhe aus, die Mutter stellte
sie vor den Ofen. Der Schnee taute von den

Sohlen und hinterließ eine ansehnliche Wasserlache auf dem Linoleumboden.

„Bleibst du über Weihnachten?"

„Nein, das ist so..."

„Ein Mann?"

„Mehr ein Junge." Höchste Zeit, über Füchslein zu reden. Sie tat es mit kurzen, sachlichen Worten, doch ihr Herz klopfte dabei so laut, daß sie befürchtete, die Eltern könnten es hören.

„Was Ernstes?" fragte die Mutter, als handle es sich um eine Krankheit.

„Glaube nicht", Elisabeth war zu jung, um für ein ganzes Leben zu entscheiden. „Es ist nur so, daß wir Weihnachten gern beisammen gewesen wären, möglichst allein. Er ist auch zu seinen Eltern gefahren, um mit ihnen zu reden. Hoffentlich verstehen sie es – und ihr auch."

Die Eltern lächelten einander zu.

„Kommt mir bekannt vor", sagte der Vater.

„Was denn?"

„Obgleich es schon eine Weile her ist", die Mutter hatte noch immer ein Lächeln auf den Lippen.

„Ihr sprecht in Rätseln", seufzte Elisabeth, viel zu erschöpft, um darüber nachzudenken.

„Nun ja, auch wir haben unseren Eltern damals schonend beigebracht, daß wir unser erstes Weihnachtsfest allein feiern wollten", klärte sie der Vater auf.

„Ihr seid also einverstanden?"

Sie waren es. Elisabeth umarmte sie stürmisch, kroch erleichtert und sehr glücklich ins Bett, schlief traumlos bis in den Abend hinein.

Es folgten unbeschwerte Tage. Zu dritt zogen sie, wie früher in der Heimat, durch den winterlichen Wald, fuhren sogar Schlitten, den Wolfgang ihnen besorgte. Wenn seine Zeit es erlaubte, kam er mit, nahm jede Gelegenheit wahr, wenigstens einige Minuten mit Elisabeth allein zu sein. Sie sagten „du" zueinander, lachten und blödelten, doch wenn er versuchte, mit seinen Lippen ihre Wange zu streifen, wich sie geschickt aus. – Am letzten Abend lud die Bäuerin zum Schlachtfest ein. Würste, Kesselfleisch, Geräuchertes und Sauerkraut. Endlich konnten sie sich mal satt essen.

Wolfgang spielte auf seiner Mundharmonika und ließ Elisabeth nicht aus den Augen. Das weiße Kaninchen Puschi, das keiner umbringen konnte und das darum zum Hausgenossen ernannt worden war, kuschelte sich auf Elisabeths Knien, mümmelte zufrieden und hörte mit gespitzten Ohren zu.

„Wirst du wiederkommen?" fragte Wolfgang. Sie spazierten die Dorfstraße entlang, der Schnee knirschte unter ihren Schuhen.

„Kann sein", erwiderte sie ausweichend, „falls meine Eltern noch bei euch wohnen."

„Sonst nicht?"

Sie schwieg. Was sollte sie antworten? Sie sehnte sich nach Füchslein.

Wolfgang blieb stehen, wollte sie umarmen, sie trat zurück.

„Verstehe", er nickte traurig, holte die Mundharmonika aus seiner Hosentasche, betrachtete sie lange, streichelte sie liebevoll wie einen kleinen Vogel und reichte sie Elisabeth. „Ich schenke sie dir."

„Aber nein, das geht nicht."

„Sie soll dich an mich erinnern. Wenn du auf ihr spielst, werde ich dich hören."

„Da mußt du aber gute Ohren haben", sie lachte, nahm das Geschenk und bedankte sich. Er sah immer noch traurig aus. Darum gab sie ihm nun doch einen Kuß zum Abschied.

„Ich werde deine Mundharmonika in Ehren halten", versprach sie. „Danke für alles, Wolfgang. Paß gut auf dich auf, ja?"

Wiederum dauerte es zwei Tage, ehe sie die kleine Stadt in Sachsen erreichte. Füchslein stand auf dem Bahnhof. Sie erkannte seinen Schopf schon von weitem, der Atem blieb ihr weg vor Wiedersehensfreude.

„Alles in Ordnung?" rief sie ihm zu und drängte sich durch das Gewühl der Reisenden auf dem Bahnsteig.

„In Ordnung", rief er zurück und kam ihr atemlos entgegen. Sie fielen sich in die Arme, als hätten sie sich jahrelang nicht gesehen.

Am nächsten Tag feierten sie mit Freunden in Elisabeths kleiner Bude, sie futterten Frau Hitscholds Eingemachtes, tranken dazu ein undefinierbares Heißgetränk, das es in einer Flasche fertig zu kaufen gab und nur aufgewärmt werden mußte. Oft genug hatten sie herauszufinden versucht, ob überhaupt eine Spur Alkohol darin vorhanden sei, doch blieb das Rätsel ungelöst. Wirkung zeigte es jedenfalls keine, außer einem flauen Gefühl im Magen. Als die Gespräche verebbten, erinnerte sich Elisabeth an die Mundharmonika. Sie spielte darauf. Die anderen summten mit, bis Füchslein unvermittelt fragte: „Seit wann spielst du auf so was?"

„Von Kindheit an. Nur hatte ich leider kein Instrument."

„Jetzt hast du eines. Darf man fragen, woher?"

Zögernd erzählte sie von Wolfgang und seinem Abschiedsgeschenk. Füchslein lief feuerrot an und forderte sie auf, das „Ding" sofort wegzulegen. „Oder noch besser: Du wirfst sie zum Fenster hinaus."

„Du spinnst wohl!"

„Im Ernst."

„Ich denke nicht daran."

Es kam zu einem Streit. Die Freunde versuchten zu vermitteln, machten aber dadurch alles noch schlimmer.

„Es ist idiotisch, wegen Wolfgang eifersüchtig zu sein", explodierte Elisabeth. „Darum gibt es auch keinen Grund, die Mundharmonika zum Fenster hinauszuwerfen!"

Das war zuviel für Füchslein. „Idiotisch?" stammelte er. „Du findest es idiotisch, daß ich... Also wenn das so ist..." Das Ende des Satzes ersparte er sich. Er warf ihr einen vernichtenden Blick zu und verließ das Zimmer. Die Tür fiel ins Schloß. Elisabeth lief ihm ins Treppenhaus hinterher, rief ihm etwas Wütendes nach, sie heulte vor Zorn und Enttäuschung. Dann fiel auch die Haustür zu. In der plötzlich folgenden Stille wurde ihr klar, daß alles, alles zu Ende war. Nie wieder würde sie ein Wort mit Füchslein wechseln. Aus und vorbei, für immer und alle Zeit.

So kam der vierundzwanzigste Dezember, grau und schneeverhangen. Elisabeth stand am Fenster und starrte auf die menschenleere Straße. Der Schnee schimmerte bläulich. Nur dort, wo das Licht der Laterne auf ihn fiel, funkelte es kristallen. Bald war Heiliger Abend – und sie war allein. Sehnlichst wünschte sie sich zu ihren Eltern in die Altmark, zu Wolfgang, dem feinen Kumpel, und wer weiß, vielleicht traf sie sogar zufällig den netten Herrn, der ihr das Geld zur Weiterfahrt gegeben hatte. Eine Weile spielte sie mit dem Gedanken, einfach loszufahren. Doch es war zu spät. Außerdem hatte sie kein Geld für die Reise.

Aus der Küche, wo Frau Hitschold Kartoffelsuppe mit Speck und Würstchen kochte, kamen würzige Düfte, reizten den leeren Magen. Bestimmt wäre alles ganz anders gekommen, hätte Frau Hitschold nicht an die Zimmertür geklopft und gefragt: „Was ist los mit Ihnen, Elisabeth?" Ihr freundliches, vom Kochen gerötetes Gesicht unter den weißen Wuschelhaaren schaute bekümmert.

„Kommt Herr Füchslein nicht?" Sie konnte sich nicht abgewöhnen, ein „Herr" vor den

Spitznamen zu setzen, sie hatten oft darüber gelacht.

„Nein", antwortete Elisabeth kurz angebunden. „Er kommt nicht."

„Gehen Sie zu ihm?"

„Auch nicht. Zwischen uns ist es aus."

In Frau Hitscholds gütigem Gesicht spiegelte sich Mitleid.

„Ist es wirklich so schlimm?"

Vergeblich kämpfte Elisabeth mit den Tränen. Sie erzählte von Füchsleins unbeherrschter Eifersucht wegen einer geschenkten Mundharmonika.

„Eine völlig harmlose Angelegenheit", beteuerte sie, „meine Eltern haben sich ebensowenig dabei gedacht wie ich. Nun spielt er verrückt."

Sie schnaubte sich die Nase und wäre am liebsten auf der Stelle gestorben.

Frau Hitschold nahm sie in die Arme.

„Wenn ein Junge sich derart aufführt, dann liebt er Sie. Vielleicht kommt die Zeit, in der Sie sich lächelnd daran zurückerinnern und sich wünschen, er würde noch einmal, nur ein einziges Mal, so eifersüchtig sein."

Doch Elisabeth schüttelte den Kopf. Sie meinte, so was Unsinniges würde sie sich gewiß niemals wünschen.

„Wollen Sie mit uns feiern?" fragte Frau Hitschold. „Mein Sohn kommt mit seiner Frau und den Kindern. Es wird bestimmt sehr gemütlich werden."

Aber Elisabeth hatte keine Lust auf Frau Hitscholds Sohn samt Schwiegertochter und Enkelkindern. Sie wollte mit ihrem Kummer allein fertig werden. Oder auch genußvoll in dramatischer Trauer schwelgen. Die Sehnsucht nach Füchslein rollte wie ein Steinschlag auf ihr Herz.

„Dann darf ich Ihnen wenigstens einen Topf Kartoffelsuppe spendieren?" schlug Frau Hitschold vor, die keinen Menschen unglücklich sehen wollte, schon gar nicht an diesem Abend. „Falls Sie Hunger kriegen, können Sie alles allein auffuttern."

Hunger brauchte Elisabeth nicht erst zu bekommen, den hatte sie unentwegt. Es kam ihr so vor, als gähne dort, wo sich der Magen befand, ein Loch, das gestopft sein wollte. Verlegen sah sie Frau Hitschold an. Gaben anzunehmen war ihr schon immer schwergefallen.

Frau Hitschold füllte einen Topf mit Kartoffelsuppe, legte Würstchen hinein und stellte ihn auf die Herdplatte. „Wenn Sie Appetit haben, können Sie sich die Suppe warm machen."

„Danke, Frau Hitschold, sehr lieb von Ihnen."

Als die Familie im Wohnzimmer zusammensaß, lief Elisabeth immer wieder in die Küche. Der Topf besaß eine merkwürdige Anziehungskraft. Sie lupfte den Deckel, schnupperte mit geschlossenen Augen, betrachtete verklärt das Würstchenpaar. Dann zündete sie die Gasflamme an und ließ die Suppe heiß werden. Eine Weile überlegte sie. Schließlich zog sie den Mantel an, wickelte den heißen Topf in Zeitungspapier und machte sich auf den Weg zu Füchsleins Wohnung.

Die Kälte schnitt ihr ins Gesicht. Der eisige Wind drang durch den viel zu dünnen Mantel. Fest preßte sie den Topf an sich und genoß die Wärme. Die Straße war stellenweise glatt und so vereist, daß sie nur sehr vorsichtig gehen konnte und langsam vorankam, ständig in Angst, sie könnte ausrutschen und den kostbaren Inhalt verschütten. Schritt für Schritt balancierte sie über den Marktplatz, auf dem der Lichterbaum stand, der erste nach Jahren wieder, nur zaghaft beleuchtet – dennoch ein Weihnachtsbaum des Friedens. Hinter den Fenstern der Fachwerkhäuser brannten Kerzen, ab und zu wehten Lieder heraus, sie hatten wieder einen Sinn

bekommen. Die Familien waren zusammen.
– Nur sie, Elisabeth, befand sich auf der Straße, wollte zu Füchslein, der sie nicht erwartete. Was für eine verrückte Idee! Selbstmitleid überkam sie, doch sie kämpfte dagegen an. So sehr hatten sie sich auf den Heiligen Abend gefreut, und jetzt–?! Wie schrecklich, nicht zu wissen, wohin man gehörte, wie traurig, ganz allein zu sein.

Ganz allein?

Nein, da war noch jemand. Schnelle Schritte trippelten den Weg entlang. Ein erschrockener Aufschrei, dann Stille.

Elisabeth lief über den Marktplatz und sah eine Gestalt auf dem Bürgersteig liegen.

„Großer Gott, ist das glatt", wimmerte eine Stimme.

Eine alte Frau war ausgerutscht. Vorsichtig stellte Elisabeth den Suppentopf ab und half ihr auf die Beine.

„Geht's?"

„Ja, ja", die Frau nickte, bedankte sich, wollte weiter, doch ihre Füße rutschten. Über ihr Gesicht liefen Tränen. Was machte sie so spät allein auf der Straße? „Ich habe meinen Mann besucht", erklärte sie, als hätte sie Elisabeths Gedanken erraten. „Er liegt im Krankenhaus, ist gestern operiert worden." Sie seufzte und fügte hinzu: „Ich wohne nur ein paar Häuser weiter. Das schaffe ich schon allein."

„Auf keinen Fall", Elisabeth nahm den Suppentopf, verstaute ihn unter dem Mantel und hakte die Frau unter. „Kommen Sie, ich helfe Ihnen gern."

Die Kirchturmuhr schlug acht. So spät schon. Vorsichtig tasteten sie sich über die spiegelnde Eisfläche. Es wurde immer kälter. Die Ohren froren, die Nase war kaum noch zu spüren.

„Was drücken Sie denn da so fest an sich?" fragte die alte Dame.

„Kartoffelsuppe", antwortete Elisabeth, „von meiner Wirtin."

Die Augen der Frau wurden rund vor Staunen. „Und wohin wollen Sie damit?"

„Zu meinem Freund."

„Und jetzt halte ich Sie auch noch auf!"

Elisabeth beteuerte, daß es ihr nichts ausmache, wirklich nicht.

Trotzdem war sie froh, als sie endlich das Haus erreicht hatten, doch die Frau ließ sie nicht so schnell wieder gehen. Elisabeth mußte mit nach oben kommen, in die Wohnung.

„Nehmen Sie Platz", bat die alte Dame. „Ich bringe Ihnen ein Glas Glühwein, das geht ganz schnell, etwas anderes habe ich leider nicht im Hause."

„Ich weiß nicht", Elisabeth wollte schleunigst zu Füchslein, doch ihre Gastgeberin blickte sie bittend an.

„Wenigstens eine Viertelstunde, damit ich nicht ganz allein – weil doch mein Mann ... es geht ihm schon viel besser, aber ich mache mir halt Sorgen, möchte mit jemandem sprechen. Bitte, wenn Sie nur zehn Minuten ..."

Es war unmöglich, nein zu sagen. Also setzte sich Elisabeth und meinte: „Natürlich bleibe ich ein bißchen. Einige Minuten geht das schon." Eine Weile kämpfte sie mit sich, dann holte sie tief Luft und sagte: „Ich könnte ja die Suppe spendieren." Sie hielt den Atem an. Was würde die Frau antworten? Sie war allein, wie Elisabeth, hatte nur Glühwein, was lag näher, als daß sie gemeinsam Frau Hitscholds Kartoffelsuppe aßen?

„Nein, nein, vielen Dank", die Frau wehrte lächelnd ab. „Ich habe mit meinem Mann im Krankenhaus gegessen. Mein Weihnachtsfest hat bereits begonnen." Etwas Spitzbübisches kam in ihr Gesicht. „Nun hat es einen Höhepunkt bekommen: Ich habe *Sie* getroffen."

„Ich bin doch kein Höhepunkt", Elisabeth nippte verlegen am Glühwein.

„Doch, das sind Sie", widersprach die alte Dame. „Geben Sie's nur zu: Sie sind als Engel unterwegs. Ohne Flügel, mit einem Suppentopf. Engel sehen heutzutage anders aus als früher."

„Stimmt", gab Elisabeth zu. „Ich bin unlängst auch einem begegnet. Er war dick und trug eine Brille auf der Nase." Sie dachte an den Mann im Bahnhofswartesaal. „Aber ich bin wirklich kein Engel. Mein Freund wird Ihnen das gern bestätigen."

„Ist *er* ein Engel?"

„Nein, ein Fuchs."

Die alte Dame lachte, hob das Glas und trank dem Mädchen zu. Elisabeth warf verstohlen einen Blick auf die Armbanduhr. Halb neun. Wenn Füchslein nun die gleiche Idee wie sie hatte und auf dem Weg zu ihr war? Ausgeschlossen! Sie kannte seinen sturen Kopf.

„Ich mache Ihnen einen Vorschlag", sagte die alte Dame und hob die Karaffe mit dem Glühwein hoch. „Wenn Sie die zu Ihrem Freund mitnähmen und auf die Gesundheit meines Mannes anstießen? Ich packe sie in ein Wolltuch, damit Sie sich nicht verbrennen

und der Wein schön heiß bleibt. Mögen Sie?"
Und ob Elisabeth mochte!

Bald hielt sie im rechten Arm den Suppentopf, im linken die Karaffe. So ging sie zu
Füchsleins Haus.

Im Dachgeschoß brannte Licht. Sie blieb
stehen. Wenn er ihr Kommen als Kapitulation
oder gar als Aufdringlichkeit auffaßte, was
dann? Möglicherweise war er nicht allein. Es
gab viele Mädchen, die ... Bei dem Gedanken
schoß ihr das Blut ins Gesicht. Ihr Herz schlug
bis zum Hals. Sie redete sich Mut zu. War nicht
Weihnachten ein Fest, an dem man sich ver-
söhnte, einander die Hände reichte und alles
Belastende vergaß? Dazu der Glühwein, die
Kartoffelsuppe mit Speck und Würstchen!

Sie lief die Treppe hinauf, klingelte
Sturm. Die Glocke klang laut und schrill. Erschrocken zog sie die Hand zurück. Purer
Wahnsinn, nach diesem Streit hier angetanzt
zu kommen! Wieder meldeten sich Zweifel.
Schleunigst wollte sie Topf und Karaffe auf
die Schwelle stellen und davonlaufen. Doch
da wurde die Tür aufgerissen. Vor ihr stand
Füchslein mit glühenden Wangen und Strah-
leaugen. Er hatte sich feingemacht und sein
feierlichstes Gesicht aufgesetzt.

„Herzlich willkommen", er streckte ihr

beide Arme entgegen, doch als er sah, daß sie ihre Hände unter dem Mantel verborgen hielt, wartete er, bis sie eintrat.

Sie tat es zaghaft, als beträte sie einen Traum. Wohlige Wärme kam ihr entgegen. Kerzen brannten auf einem kleinen Weihnachtsbaum, der auf dem Tisch stand. Zukkerzeug und Nüsse lagen darunter in einer Schale. Es war wie ein Heimkommen nach einer Expedition zum Nordpol.

Er nahm sie in die Arme, sagte leise: „Ich wußte, daß du kommen würdest", schob sie zurück und fragte: „Was, um Himmels willen, hast du denn da unter dem Mantel?"

Bei Kartoffelsuppe und Glühwein feierten sie Weihnachten. Sie tranken auf die Gesundheit des Mannes und der alten Dame, auf sich selbst und auf alle, die sie liebten.

„Haben wir einen vergessen?" fragte Füchslein.

Da hob Elisabeth das Glas und rief: „Auf die Engel, denen wir begegnen, wie immer sie aussehen mögen!"

Die Gläser klangen. Es wurde das schönste Fest ihres Lebens.

„Was starrst du nur die ganze Zeit auf das Bild?" Bernhard hatte seine Frau beobachtet, heimliche Blicke mit Tochter und Schwiegersohn gewechselt. Der Film war zu Ende, Cary Grant als Filmengel in die himmlischen Gefilde zurückgekehrt, die Flimmerkiste ausgeschaltet.

„Ein altes Foto, ganz unwichtig", Elisabeth stand auf. „Der Braten wird soweit sein." Doch damit rief sie keine große Begeisterung hervor. Sie hatten zuviel Stollen und Plätzchen gegessen, nun fehlte der Appetit.

Sie aßen schweigend. Nach einer Weile schob Bernhard den Teller zurück, unterdrückte ein Rülpsen, faßte sich an den Magen und verzog das Gesicht.

„Der Braten ist zu fett", er steckte sich zwei Rennie in den Mund. „Wir leben viel zu üppig."

Elisabeth räumte ab, seufzte und meinte: „Vielleicht sollten wir mal wieder Kartoffelsuppe essen."

„Wäre gut für die Figur", stimmte Birgit zu.

„Nicht nur deshalb."

„Weshalb sonst?" fragte Bernhard.

Elisabeth zögerte. Schwer zu erklären, wenn keiner wußte, wovon sie sprach. Trotzdem begann sie zu erzählen: von dem Weihnachtsfest mit Füchslein und allem, was damit zusammenhing. Aufmerksam hörten die anderen zu, sogar der Schwiegersohn zeigte eine Spur von Interesse. Er wollte wissen, was das für eine kleine Universitätsstadt in Sachsen sei, wie viele Einwohner sie habe und wie sie heiße. Elisabeth gab Auskunft, holte das Bild und zeigte es der Familie. „Durch Zufall ist es mir vorhin in die Hände gefallen. Das hat mir die Geschichte ins Gedächtnis zurückgerufen."

Sie betrachteten das Foto. Bernhard setzte die Brille auf, runzelte die Stirn, nickte und machte „Hm". Mehr nicht. „Wir sollten es bei Gelegenheit wieder einkleben", sagte er noch.

Elisabeths Blick ruhte nachdenklich auf ihrem Mann. Ihr schien, als sähe sie ihn zum ersten Mal so, wie er wirklich war: müde und fahl, rundlich, überarbeitet und lustlos. Ein Gefühl von Mitleid und Enttäuschung überkam sie, aber auch ein wenig Hoffnung.

„Warum schaust du mich so an?" fragte er und fuhr sich über den gelichteten Scheitel. „Ist was nicht in Ordnung?"

Sie strich über sein Haar, das noch immer etwas rötlich schimmerte, und erwiderte: „Alles in bester Ordnung, Füchslein."

Birgit sah überrascht von einem zum anderen. „Füchslein? Hast du Füchslein gesagt? Das gibt's doch nicht! Vater ist..."

„Ach was", er wehrte verlegen ab, „das alles ist schon eine Ewigkeit her, überhaupt nicht mehr wahr."

„Wir haben es gemeinsam erlebt, also ist es wahr", protestierte Elisabeth.

Hans-Jörg schluckte eine Prise Rührung hinunter, lachte gezwungen und alberte: „Es kommt die Zeit mit ihrem Reisigbesen und fegt es weg, als wär es nie gewesen!"

Birgit fragte, was aus Wolfgang geworden sei.

„Er hat geheiratet und den Hof übernommen", sagte Elisabeth. „Das schrieben mir meine Eltern, als sie schon längst woanders wohnten. Ich habe ihn auch nie wiedergesehen", sie lächelte, „weil Füchslein so ein Theater gemacht hatte."

„Vater und eifersüchtig", wunderte sich Birgit. „Wenn ich mir vorstelle..." Sie sah ihren Mann an, der in der Zeitung blätterte. „Wo kommt das alles hin – die Liebe und die Eifersucht? Wo bleibt das nach langen Jahren?"

„Es verändert sich", sagte Elisabeth und tauschte einen langen Blick mit ihrem Mann. Er nickte ihr zu. Zum ersten Mal an diesem Abend schaute er freundlich drein. In seinen Augen stand plötzliches Erinnern und Wiedererkennen. Fast hätten sie sich im Lauf der

Zeit verloren. Eifersucht? Inzwischen gab es andere, überzeugendere Liebesbeweise: daß sie durch dick und dünn gegangen waren, zusammengehalten hatten und keinen Tag ohne einander sein konnten.

„Es vertieft sich, glaube ich", meinte Bernhard.

„Es verflacht", behauptete Birgit, „und es wird langweilig."

Hans-Jörg ließ die Zeitung sinken, sah an ihr vorbei, widersprach nicht, obwohl es doch sein Stichwort gewesen wäre. Er sah auf die Uhr und sagte: „Höchste Zeit aufzubrechen."

Sie begleiteten Birgit und ihren Mann zum Auto. Glocken läuteten zur Mitternachtsmette. Es schneite. Der Wind ließ die Flocken tanzen.

„Ich möchte die kleine Stadt in Sachsen sehen", sagte Birgit, als sie die Eltern zum Abschied umarmte. „Auch das alte Haus, in dem Füchslein gewohnt hat."

„Wir fahren mal hin", versprach Elisabeth. „Alle zusammen. Bis dahin seht zu, daß ihr einen Engel trefft, bald schon. Mir scheint, ihr habt ihn nötig."

„Engel sind schwer zu erkennen", erklärte Hans-Jörg und ließ den Motor an.

„Aber oft unterwegs", sagte Elisabeth. „Ihr müßt euch nur Mühe geben."

Im Zimmer roch es nach Essen, kaltem Rauch und erloschenen Kerzen. Elisabeth öffnete das Fenster, atmete die frische Luft tief ein, drehte sich langsam um. Bernhard saß im Sessel und betrachtete sie mit schiefgelegtem Kopf.

„Woran denkst du?" fragte sie.

„An die Mundharmonika", antwortete er. „Hast du sie noch?"

Elisabeth überlegte kurz, ob sie die Wahrheit sagen sollte, sah keinerlei Gefahr eines drohenden Wutausbruchs, zog eine Schublade heraus, kramte aus der hintersten Ecke ein Päckchen hervor, öffnete es und hielt gleich darauf das ehemals so heiß umstrittene Instrument in der Hand. Der Metallbeschlag war blind vom langen Dahindämmern in tiefer Dunkelheit. „Ich habe sie aufgehoben, als Erinnerung an eine Zeit, in der es noch sehr stürmisch bei uns zuging."

„Wirklich nur aus diesem Grund?" Eine Falte erschien auf seiner Stirn, er sah ungehalten aus, machte eine Kopfbewegung zum Fenster. „Wirf sie hinaus."

„Ist das dein Ernst?" fragte sie fassungslos, mit freudigem Schreck in der Stimme.

Bernhard stand auf und wiederholte: „Wirf das Ding zum Fenster hinaus!"

„Wenn du darauf bestehst", sie ging zum Fenster, holte aus, im letzten Augenblick hielt er ihre Hand fest. Sie sahen sich an. Er hatte sein nettestes Lächeln in den Augen, streichelte ihr Gesicht und sagte: „Tu's nicht. Immerhin hat sie uns zu einem wunderschönen Weihnachtsfest verholfen."

„Nicht mehr eifersüchtig?" erkundigte sie sich enttäuscht.

„Doch", erwiderte er. „Aber ohne kindischen Zorn. Verzeihst du mir?"

„Nur, wenn du die Gläser nachfüllst, du unmöglicher Rotfuchs, und vor allem: Zünde endlich die Kerzen an."

„Sofort, meine Dame", er legte die Arme um sie und küßte sie mit – für einen langjährigen Ehemann – erstaunlicher Zärtlichkeit. Elisabeth hörte imaginäre Choräle, wie seinerzeit in Füchsleins kleiner Bude.

Daß er sich anschließend an den Magen faßte und zwei Rennie nahm, störte sie nicht mehr.

HEINZ G. KONSALIK

Ein unbequemer Gast

Er saß im IC-Zug von Köln nach München, lehnte sich in das Polster zurück und blickte nachdenklich auf die an ihm vorbeiziehende Landschaft. Er kam von Amsterdam, war in Köln umgestiegen und wollte nun kreuz und quer durch Deutschland fahren, so wie er bereits Amerika besichtigt hatte, Afrika und Südamerika, Rußland und Asien, und je mehr er gesehen hatte, um so stiller war er geworden. Mit Tausenden von Menschen hatte er gesprochen, mit forschenden Augen war er durch die Länder gegangen, hatte in Kathedralen und kleinen Dorfkirchen gesessen, hatte eine Menge Zeitungen gelesen, das Fernsehen in vielen Ländern betrachtet, sogar in Peepshows war er gewesen, in Porno-Bars und hatte bei den Dealern gestanden, die Heroin und Kokain verkauften. Parlamentsdebatten hatte er miterlebt, Demonstrationen und örtliche Kriege, saß in den Elendsvierteln südamerikanischer

Städte in den Hütten aus Pappe und flach-
geklopften Benzintonnen und hatte auf
Cocktailempfängen der Reichen mit einem
Champagnerglas in der Hand voll stummer
Verwunderung den großen Bogen eines Men-
schenlebens in sich aufgenommen.

In Rom hatte er eine Papstmesse miterlebt
und war geblendet und erschrocken von
dem Prunk der Gewänder und dem theatrali-
schen Aufzug, den man Gottesdienst nannte.
Damals, hatte er gedacht, ritt ich in einem ein-
fachen Gewand und auf einem Esel in Jerusa-
lem ein, und sie schwenkten Palmwedel, was
ich gar nicht wollte. Und überall sehe ich
meine Mutter, aus Holz geschnitzt, in Stein ge-
hauen oder mit Farben gemalt, eine schöne,
glückliche Frau voll Güte und Verständnis
irdischer Sorgen. Aber sie war eine arme Frau,
besaß nur das, was sie auf dem Leib trug, und
als sie ihr Kind auf einer Strohschütte gebar,
umschwebten sie nicht singende Engelscha-
ren, sondern der Wind pfiff durch die Bretter-
wände des verfallenen Stalles. Und als sie ihr
Kind in Stoffetzen wickelte, hatte sie wie jede
Mutter gedacht: Er soll es einmal besser haben
als wir, der kleine Wurm, groß und stark soll
er werden und ein guter Zimmermann wie
sein Ziehvater, geachtet und geliebt von allen,

die ihn kennen, ein Leben der Freude und Erfüllung.

Erfüllung... das war ein Kreuz, das war das Leiden dieser ganzen Welt in einem einzigen Körper, das war der Tod im Verzeihen aller Sünden. „Mein Gott, warum hast du mich verlassen?" habe ich damals geschrien, denn ich fühlte wie ein Mensch. Heute müßte ich schreien: „Mein Gott, was haben die Menschen aus mir gemacht?!" Ich möchte die Tempel wieder säubern wie damals, aber ich kann es nicht. Die Menschen haben mich überrollt und singen dazu: „Jesus, geh voran..."

Er schrak hoch, als in Koblenz ein Mann zustieg und den Platz ihm gegenüber belegte. Er war gut gekleidet, hatte als Gepäck nur eine Aktentasche bei sich, legte sie in die Gepäckablage und ließ sich dann auf das Polster fallen.

„Ein Scheißwetter, was?" sagte er leutselig und reckte sich. „Alles ist durcheinander."

„Die Sonne scheint doch", sagte der Weitgereiste. „Das ist doch schön. Die Sonne..."

„Schön nennen Sie das?" Der Mann schüttelte den Kopf. „Morgen ist Heiligabend, Weihnachten. Und was haben wir? Frühlingswetter. Alles grün! Früher, da wußte man:

Weihnachten liegt Schnee. Da ist alles weiß. Da sieht man durchs Fenster und freut sich, daß man im Warmen sitzt."

„Ich glaube, im Stall von Bethlehem wäre man glücklicher gewesen, wenn statt der Kälte eine warme Sonne geschienen hätte."

Der Mann sah seinen Mitreisenden erstaunt an und winkte dann ab. „Weiß man das so genau?" fragte er. „Seit wann schneit's in Palästina?"

„Es steht in der Heiligen Schrift."

„O Gott, hören Sie mir damit auf! Was steht da nicht alles drin, und wie sieht die Wirklichkeit aus?!"

„Sie lesen keine Bibel?"

„Nein! Und aus der Kirche bin ich auch ausgetreten." Der Mann räkelte sich und streckte die Beine vor. Fast berührten sich ihre Füße. „Ich sehe an Ihrem Blick... Sie fragen: Warum? Das will ich Ihnen sagen. Ich glaube an Gott, aber an einen anderen, als man ihn uns von den Kanzeln predigt. Wo war der gütige Vater, als die Kriege Hunderte von Millionen Toten forderten? Wo war er bei der Inquisition, bei den Hexenverbrennungen und bei den Pest- und Cholera-Jahren? Warum läßt er zu, daß Hunderttausende bei Überschwemmungen ertrinken oder auf ausgedörrtem Land verhungern? Immer die Ärmsten, und Frauen und Kinder! Und wo man hinblickt: Kriege, Haß, Terror, Lügen, Elend und Zerstörung, Korruption und Skrupellosigkeit! Die Schwachen werden getreten, und die Starken schwingen die Fäuste. Hat Gott diese Welt so gewollt?"

„Nein."

„Und warum ändert er es nicht... dieser Allmächtige, wie er genannt wird?"

„Er glaubt immer noch an das Gute im Menschen."

„Ich bitte Sie, so dumm kann doch kein Gott sein." Der Mann lächelte mokant.

Seine Füße berührten jetzt den Schuh seines Gegenübers, eine starke Wärme durchrann ihn, aber er schob es auf seine innere Erregung.

„Sagen wir es so: Die Menschheit ist Gott entglitten. Und was Christus einmal gepredigt hat – wer kümmert sich noch darum? Die Kirchen werden immer leerer..."

„Das habe ich gesehen. Aber was soll Gott tun? Eine neue Sintflut?"

„Nicht nötig. Früher oder später bringen wir uns alle gegenseitig um. Ein Griff zum roten Telefon, ein Knopfdruck, und der Atomkrieg fegt die Erde leer. Wenn Jesus heute wieder auf die Erde käme… er würde sich wundern."

„Das tut er. Was ist aus seinem Opfer für die Menschheit geworden…"

Der Mann sah aus dem Fenster, erhob sich und griff nach seiner Aktentasche.

„Gleich kommt Frankfurt, da muß ich raus", sagte er. „War'n interessantes Gespräch. Übrigens, mein Name ist Baumann."

„Joshua."

„Das klingt fremdländisch."

„Es ist althebräisch."

„Sie sind Jude?"

„Wie man's nimmt. Ich bin in Judäa geboren."

„Dann sind Sie – Verzeihung – auch ein armes Schwein. Dieser dauernde Knatsch in Palästina."

„Ja. Ich bin ein armes Schwein", sagte der Weitgereiste. „Ich war es immer. Aber was soll Gott tun?"

„Das fragen Sie mich? Früher hätte ich gesagt: ‚Vertraut auf Gott, und das Himmelreich ist euer!' – Aber jetzt? Mit dem Ozonloch fängt es an… wo hört es auf?"

„Früher?" Der Reisende sah den Mann mit der Aktentasche nachdenklich an.

„Was sind Sie von Beruf?"

„Jetzt bin ich Frühpensionist. Was ich einmal war? Ich war Pfarrer, Herr Joshua… bis ich nicht mehr glauben konnte, was ich predigte." Der Zug fuhr in die riesige Bahnhofshalle von Frankfurt ein. „Gute Weiterfahrt."

Der Mann verließ das Abteil, aber an der Tür drehte er sich noch einmal um für eine Frage, die ihm plötzlich in den Sinn kam. Mit weiten Augen blickte er auf den Sitz am Fenster und preßte dann die Aktentasche an seine Brust.

Der Platz war leer. Mit wem hatte er gesprochen, hatte er gegen die Wand geredet? Aber die Wand hatte Antwort gegeben, und sein Schuh hatte den Schuh des anderen berührt… „Das gibt es doch nicht!" sagte er laut, rannte den Gang entlang und verließ fluchtartig den Zug. Er stürzte in die nächstgelegene Kirche, erkannte am Kreuz das Antlitz seines Mitreisenden, fiel auf die Knie, betete in Demut und bat um Verzeihung.

Joshua aber, nun, da der Tag seiner Geburt sich nahte, durchstreifte wie ein Wandersmann das Land. Er sah die im Lichterglanz strahlenden Städte und freute sich, aber er sah auch sich selbst als Marzipanfigur und das Bildnis seiner Mutter als Backform, wie er es schon in Fatima gesehen hatte. Dort hatte er eine solche Backform gekauft und vor den Augen der Nonnen mit einem Faustschlag zertrümmert. Jetzt war er allein in einer stillen Landschaft, wanderte einsam über Wald- und Feldwege und sah in der Abenddämmerung das Licht eines Gehöftes.

Mißtrauisch öffnete sich auf sein Klopfen hin die Tür einen Spalt, und ein Mann in einem dunklen Anzug musterte ihn abwehrend.

„Sie wollen?" fragte er.

„Kann ich diese Nacht bei Ihnen unterkommen?" fragte Joshua.

„Heute? Am Heiligen Abend?" Der Mann betrachtete ihn von oben bis unten. Wie ein Landstreicher sieht er nicht aus, dachte der Bauer. Was soll man ihm antworten? „Warum wandern Sie um diese Zeit noch herum?"

„Ich sehe mir die Welt an. Es gibt soviel zu sehen auf dieser Welt."

„Kommen Sie rein."

Der Bauer stieß die Tür auf, machte einen Schritt zur Seite und ließ den Fremden eintreten. Gleichzeitig griff er nach hinten und holte einen starken Knüppel von einem Wandhaken. Man kann nie wissen... man sieht nur vor ein Gesicht, nicht dahinter. Irgendwie kommt er mir bekannt vor. Habe

ich ihn schon einmal gesehen? dachte er.
Vielleicht auf dem Wochenmarkt?

Im Zimmer saß die Bäuerin, auch sie in einem
Festkleid. Hinter ihr stand der geschmückte
Weihnachtsbaum, und davor lagen einge-
packt die Geschenke, es roch nach Zimtge-
bäck und Lebkuchen, Vanillestrudel und Äpfel
im Rohr. Vor einem Kruzifix flackerte eine
Kerze.

„Der Herr will bei uns übernachten", sagte der Bauer. „Er wandert gern. Aber jetzt ist er
müde, nicht wahr?"

„Ja. Ich bin müde." Joshua setzte sich an
den Tisch. Er war festlich gedeckt mit buntem
Geschirr und kleinen Tannenzweigen. Sein
Blick fiel auf das Kruzifix, und er senkte den
Kopf.

„Wo sind Sie zu Hause?" fragte die Bäuerin, erhob sich und holte eine Flasche Bier aus
dem Kühlschrank. „Wo ist Ihre Heimat?"

„Meine Heimat ist überall." Joshua nickte
der Bäuerin dankbar zu, trank einen Schluck
Bier und stellte seinen Rucksack auf den Boden.

„Das heißt ... Sie haben keine Heimat?"
Der Bauer räusperte sich.

„Ich befürchte es."

Sie hoben alle die Köpfe... von draußen klang es wie das Tuckern eines Motors, dann hörte man ein scharfes, knirschendes Bremsen. Gleich darauf hämmerte es an der Haustür. „Aufmachen!" rief eine aufgeregte Stimme. „Bitte, machen Sie auf! Ein Notfall!"

Der Bauer ging hinaus, öffnete, und an ihm vorbei stürzte ein Mann in das Haus, mit aufgerissenem Hemd, die Haare schweißnaß und einem Zittern am ganzen Körper.

„Verzeihung..." keuchte er. „Sie sind unsere letzte Rettung! Meine Frau... bis zum nächsten Ort kommen wir nicht mehr... Wir haben nicht damit gerechnet, nicht heute... die Wehen haben eingesetzt... alle drei Minuten schon... sie bekommt ein Kind. Mein Gott, was soll ich tun? Können Sie mir helfen?"

„Ich rufe einen Arzt!" sagte der Bauer. „In einer halben Stunde kann er hier sein."

„Zu spät! Eine halbe Stunde... da kann alles vorbei sein. Helfen Sie uns doch!"

„Ich habe neun Kinder geboren." Die Bäuerin griff an einen Haken und band sich eine Schürze um. „Sind jetzt alle aus dem Haus, groß und gesund sind sie. Das zehnte bringen wir auch noch auf die Welt. Erst muß heißes Wasser her... und Handtücher, viele Handtücher."

Der Bauer und Joshua rannten hinaus. Draußen stand ein großes, komfortables Wohnmobil, ein kleines Haus auf Rädern, und als sie näher kamen, hörten sie schon das Keuchen und Wimmern der Gebärenden.

Meine Mutter saß auf dem harten Rücken eines Esels, dachte Joshua. Und mein Ziehvater ging neben ihr her zu Fuß... doch die Schmerzen der Mütter sind immer die gleichen.

Sie hoben die junge Frau aus dem schmalen Bett und trugen sie ins Haus. Sie schluchzte, umklammerte Joshuas Arm und biß in ein Taschentuch, als an der Schwelle eine neue Wehe ihren Körper erschütterte. In der Wohnstube hatte die Bäuerin den festlich gedeckten Tisch freigemacht und die Tischplatte mit Handtüchern ganz ausgelegt. In der Küche dampfte ein großer Topf mit Wasser.

„Auf den Tisch!" rief sie. „Eine harte Unterlage ist das beste. Alois, einen Eimer! Und hol die Schere und leg sie ins kochende Wasser." Sie beugte sich über die junge Frau und streichelte ihr schweißüberzogenes Gesicht. „Das haben wir alle hinter uns", sagte sie besänftigend. „Es ist bald vorbei. Nur Mut."

Die junge Frau nickte und starrte hinüber zu ihrem Mann und zu Joshua. Er trat an sie heran, beugte sich über sie und erschrak über die Vertrautheit ihres Gesichtes.

„Sind … sind Sie der Arzt?" fragte sie und biß wieder in das Taschentuch. Eine neue Schmerzwelle überflutete sie.

„Ich bin alles", sagte er. „Nur … man weiß es nicht mehr …"

Er streckte beide Hände aus, ließ sie über ihr Gesicht und ihren hohen Leib gleiten, und plötzlich wurde aus den Schmerzen eine den ganzen Körper erfassende Wärme, so wohlig, daß man sich darin räkeln konnte wie unter einer Sonne.

„Danke", sagte sie leise und schloß die Augen. „Danke … ich fühle mich ganz leicht …"

„Jetzt stirbt sie", stammelte der junge Mann und schlug die Hände vor sein Gesicht. „Sie stirbt … Mein Gott, laß es nicht zu! Laß es nicht zu!"

Es war ein Mädchen, das auf die Welt kam, ein kleines rosiges Menschenwesen mit schwarzen Haaren, und es schrie kräftig und ballte die Fäustchen, als die Bäuerin es wusch und dann in ein dickes Handtuch wickelte. „Ein richtiges Christkind", sagte sie dabei.

„Es wird Claudia heißen." Die junge Frau drehte den Kopf zu ihrem Mann, der bleich und mit Tränen in den Augen über ihr schweißgetränktes Haar streichelte. Sie lächelte, wie alle Mütter hinterher lächeln, und dann kam die große Erschöpfung, und sie schlief ein.

Ich wurde auf Stroh geboren, dachte Joshua. Und hier ist es ein Tisch. Er sah die junge Frau lange an und begann sie zu erkennen. In einer anderen Zeit, in einer veränderten Welt, unter Menschen, die nach den Sternen griffen und um so mehr die Unendlichkeit erkannten.

Mutter, sagte er in sich hinein. Mutter, ich verstehe dich. Ich bin ein unbequemer Gast auf dieser Erde. Ich war traurig über das, was ich gesehen habe. Ich zweifelte an dieser Welt. Aber es gibt Hoffnung, Mutter. Jedes Kind, dem neues Leben gegeben wurde, ist meine Hoffnung. Danke, Mutter.

Er ging zu der Bäuerin, streckte die Arme aus und sagte: „Gib mir das Kind ... bitte ...“

„Sie lassen es fallen.“ Die Bäuerin schüttelte den Kopf.

„Ich lasse keinen Menschen fallen.“

„Haben Sie auch Kinder?“

Ihr seid alle meine Kinder, dachte er. Wie konnte ich das bloß vergessen? Er nahm das kleine Bündel Mensch auf seine Arme, drückte es an sich, küßte ihm die Stirn und setzte

sich neben den geschmückten Weihnachtsbaum auf einen Schemel. Der Bauer zündete
die Kerzen an und hockte sich stumm neben
ihn auf die Ofenbank.

Joshua wiegte das Kind in seinen Armen
und sah hinüber zu dem Kreuz mit seinem ge-
marterten Körper. Die Kerze davor flackerte
und ließ ihn im Spiel von Licht und Schatten
wie lebend erscheinen.

„Ich vergebe euch", sagte Joshua leise.
„Und ich bin bei euch alle Tage, auch wenn
ihr es nicht merkt. Ich weiß es jetzt: Es war
nichts umsonst. Ihr braucht mich mehr als je
zuvor, auch wenn ihr an mir zweifelt."

Es war ein stiller, glücklicher Abend –
und der Braten, eine Ente, schmeckte köst-
lich. Er trank noch eine Flasche Bier, breitete
dann die Arme aus und rief:

„Meine Kinder, warum so still? Laßt uns
fröhlich sein! Ein Mensch wurde geboren! Ich
weiß, wie glücklich auch meine Eltern waren!"

Da stellte der Bauer das Radio an, suchte
nach flotter Musik, und Joshua tanzte mit der
Bäuerin, während der junge Mann den Takt
dazu klatschte, und alle waren lustig, ganz
anders als sonst am Heiligen Abend.

Und nebenan, im Arm der Mutter, schlief
das Kind und lächelte in sein Leben hinein.

HINRICH MATTHIESEN

Ja, und da hatten wir die Bescherung!

Im Dorf nannten sie ihn den *Spökenkieker,* also den, der den Spuk sieht. Er hatte das Talent, Unglaubliches glaubhaft zu machen, wenn auch nicht so, daß die Einsicht seiner Zuhörer über den Verstand kam. Aber zugleich war er Realist, denn schließlich hatte er jahrzehntelang einen Beruf ausgeübt, bei dem man seine fünf Sinne beieinander haben und folgerichtig denken muß. Er war Kapitän, beherrschte die sphärische Trigonometrie und konnte mit Hilfe des nautischen Dreiecks den Standort eines Schiffes berechnen. Bei so etwas hat der Spuk nichts zu suchen; da zählt nur der klare Kopf.

Es war an einem Nachmittag in der Vorweihnachtszeit, und er saß im Dorfkrug. Außer dem Wirt hatten sich fünf Gäste an seinem Tisch eingefunden, Studenten der Kunstgeschichte, die den ganzen Tag über in der alten Kirche herumgestöbert hatten und dann auf der Insel hängengeblieben waren, weil das Schiff wegen der dicken Eisdecke nicht fuhr. Es waren zwei junge Frauen und drei Männer.

Draußen heulte der Nordost und trieb den Schnee gegen die Scheiben, so daß es dunkel wurde in der kleinen Schenke. Der Wirt zündete die Kerzen des über der Theke hängenden Adventskranzes an. Als er sich wieder gesetzt hatte, sagte einer der Studenten: „Mein Gott, Advent! Und wir sitzen hier auf dieser Insel fest und können nicht nach Haus!"

Doch mit dieser Klage lief er bei dem alten Kapitän auf, denn der erwiderte: „Kein Grund zum Jammern! In ein paar Tagen ist das Watt wieder schiffbar, und wenn nicht, gehen Sie zu Fuß übers Eis. Denken Sie doch mal an die vielen Seeleute, die irgendwo auf der Welt, weit weg von zu Hause, ihr Weihnachtsfest feiern müssen, in Honolulu oder Valparaíso, in Kapstadt oder Shanghai! Oder gar auf See! Wir hatten mal…", er hielt inne, war eigentlich nicht so recht aufgelegt zum Erzählen, weil die Gicht ihn plagte. Immerhin war er fast achtzig. Doch durch diese Worte „Wir hatten mal…" waren die sechs neugierig geworden. Sie bedrängten ihn, und so ließ er sich schließlich erweichen, sah auch für sich selbst ein Gutes darin, dachte: Vielleicht treibt es mir die verdammte Gicht aus den Knochen!

„Na ja", fuhr er also fort, „das ist es ja immer: Weihnachten will man zu Hause sein, weil man meint, sonst würde es mit dem Fest nur eine halbe Sache werden. Wenn die Familie nicht da ist und auch die Winternacht fehlt und es nicht schneit und zwei Dutzend rauhbeinige Männer in der Tropenhitze beieinanderhocken, dann haben sie es schwer, *Stille Nacht, heilige Nacht* anzustimmen. Und genauso war es damals, als wir in Veracruz ablegten. Das war zu der Zeit, als unsere Schiffe noch vorwiegend mit deutschen Seeleuten fuhren. Die Männer hatten gehofft, es würde erst am nächsten Morgen losgehen und sie könnten, wenn schon nicht zu Haus, dann doch wenigstens an Land feiern, aber am Abend war das Schiff beladen, und also gab es keinen Grund, noch stundenlang im Hafen zu bleiben. Zeit ist Geld, und das gilt ganz besonders für die Schiffahrt. Die Luken waren dicht, und auch die Deckslast war verstaut. Also schipperten wir am vierundzwanzigsten abends los mit unserer *NEPTUN,* vorbei an *San Juan de Ulua,* der alten Festung, die man als letztes sieht, wenn man Veracruz verläßt, und dann ging es hinein in den Golf. Als wir uns etwa fünfzehn Seemeilen von der Küste entfernt hatten, war es sieben Uhr geworden, und die Weihnachtsfeier sollte beginnen. In der Messe."

„In der Messe?" fragte eine der beiden Studentinnen.

„Ja. So heißt auf einem Schiff der Speise- und Aufenthaltsraum, und da finden auch die Veranstaltungen statt, die Filmabende, die Skat-Turniere und eben die Weihnachtsfeiern. Der Baum stand, war sogar prächtig geschmückt. Aber die Kerzen krümmten sich in der Hitze, und die Tannenzapfen aus Schokolade schmolzen vor sich hin. Die Männer übrigens auch, das heißt, trotz ihrer leichten Kleidung schwitzten sie entsetzlich. Die Tische waren gedeckt. Jeder hatte auch einen Teller mit Süßigkeiten vor sich, Marzipan dabei, denn das ist für ein Schiff aus Lübeck schon beinahe Ehrensache. Der Zweite Offizier hatte eine wunderschöne Rede vorbereitet. Er hielt sie dann auch, und da war 'ne Menge drin vom Heiland und vom Stall und von der Botschaft für die ganze Welt, aber er hätte genausogut den Seewetterbericht vom vergangenen Tag vorlesen oder von der Winsch reden können, die dringend repariert werden mußte, so wenig rührten seine Worte die Männer an. Es fehlte einfach was. Ach, und der Koch hatte sich so viel Mühe gegeben mit den Puten, die wir frisch auf dem Markt von Veracruz gekauft hatten! Aber, wie gesagt, es fehlte was. Die Stimmung fehlte, und wenn die nicht da ist, kann man eigentlich auch auf das andere verzichten. Dann kommt sie auch nicht auf, wenn der Matrose Feddersen dem Heizer Simoneit eine Flasche Aftershave in die Hand drückt oder wenn der Smutje dem Moses die Kokosnuß überreicht, die er ihm ein paar Stunden vorher am liebsten an den Kopf geworfen hätte, denn noch am Vormittag hatten die beiden einen fürchterlichen Streit. Ja, so ein Männerverein in den Tropen ist einfach etwas durch und durch Unweihnachtliches, und so sah ich unsere Feier schon in die Binsen gehen. Und dann..., ja, dann passierte etwas."

Der Wirt schmunzelte. Er kannte den Alten und wußte, daß jetzt eine unverschämt lange Pause folgen würde. Und tatsächlich! Der Käpt'n fummelte seinen Tabaksbeutel heraus, stopfte seine Pfeife, zündete sie an, machte ein paar Züge, nahm auch noch einen Schluck von seinem Grog, und erst, als der offenbar jüngste der drei Männer, ein richtiges Milchgesicht noch, fragte: „Ja, was passierte denn?" und dann seinen Mund halb offenließ, nahm der Alte den Faden wieder auf: „Also, plötzlich stand der Dritte Offizier in der Tür. Das war ungewöhnlich, denn er hatte die Wache. Doch gleich darauf sahen wir, warum er gekommen war. Er hatte jemanden im Schlepp, einen etwa zwölfjährigen mexikanischen Jungen, der mit großen, dunklen, ängstlichen Augen erst den Lichterbaum und dann uns anstarrte. Jetzt denken Sie wohl: Aha, wieder mal 'ne Geschichte vom blinden Passagier. Irrtum! Diesmal war es anders. Der Dritte ging zurück auf die Brücke, und der Zweite, der leidlich spanisch sprach, knöpfte sich den ungebetenen Gast vor, ziemlich grob, was verständlich war, denn so ein außerplanmäßiger Zuwachs schafft meistens einen Haufen Ärger. Doch mit der Ruppigkeit hörte es auf, sobald der Junge, stotternd und mit gesenktem Blick, erzählt hatte, wie er an Bord gekommen war. Trotz seiner erst zwölf Jahre hatte er zu den Schauerleuten gehört, also den Männern, die die Ladung verstauen. Demnach ein Fall von Kinderausbeutung, den man aber wiederum auch versteht, wenn man weiß, wie schwer es die meisten mexikanischen Familien haben und wie froh sie sind, wenn schon bei den Kleinen das Verdienen anfängt. Unser Ricardo, so hieß der Junge, war über der schweren Männerarbeit einfach eingeschlafen. Der Dritte hatte ihn zwischen der Deckslast gefunden, ja, und da hatten wir die Bescherung!"

Wieder machte der Kapitän eine Pause. Diesmal aber schien es dem Wirt, als wolle der Alte seine Zuhörer nicht auf die Folter spannen, sondern nur prüfen, ob sie den Doppelsinn seiner letzten Bemerkung mitgekriegt hatten. Und wirklich, jedenfalls die beiden jungen Frauen lächelten amüsiert. Zumindest sie mußten also wohl begriffen haben, daß es mit dem Wort „Bescherung" etwas auf sich hatte.

Der Alte fuhr fort: „Ricardo war barfuß und schmutzig und trug eine ziemlich verschlissene *mezclilla,* also das billige Drillichzeug der Tropenbewohner. Der Zweite schob den Jungen, nachdem das Verhör beendet war, mitten hinein in unsere Weihnachtsfeier. Und was soll ich Ihnen sagen? Jetzt wurde es eine! Wurde eine richtige Weihnachtsfeier mit allem Drum und Dran, vor allem aber mit der richtigen Stimmung. Der Heizer Simoneit machte den Anfang. Er verschwand und kehrte zurück mit einem Geschenk, einem

Paar blauer Leinenschuhe, die er in Veracruz gekauft hatte und seinem Sohn mitbringen wollte. ‚Dem kann ich‘, so erklärte er, ‚auch in Deutschland Schuhe kaufen.‘ Und dann zog er sie Ricardo an. Sie paßten sogar. Danach verschwand der Bootsmann, und er kam zurück mit einem Spielzeug, einem hölzernen Schleppdampfer und zwei Schuten, die er geschnitzt hatte. Er legte sie Ricardo vor die Füße. Der wagte zunächst nicht, sich danach zu bücken, doch dann drückte ihm jemand die drei kleinen aneinandergekoppelten Holzschiffe in die Hand, und zum erstenmal seit seinem Auftauchen lächelte der Junge. Der Koch holte zwei Dosen Rindfleisch, und es störte niemanden, daß sie aus den Bordbeständen stammten. Jeder wußte: Etwas Eßbares war eine große Sache für den Jungen. Und natürlich bekam Ricardo auch von den Süßigkeiten. Bald lag ein ganzer Berg Geschenke vor seinen Füßen. Petersen, der Zweite Ingenieur, der als sehr sparsam bekannt war, brachte sogar eine wunderschöne Petroleumlampe an. Und Bernd, der Leichtmatrose, unser kleiner Casanova, schenkte dem Jungen ein gerahmtes Bild. Wir alle ahnten, daß er in seinem Logis ganz schnell das Pin-up-Girl gegen die deutsche Postkartenschneelandschaft ausgetauscht hatte, aber degradierte das etwa sein Geschenk? Das Gegenteil, meine ich, war der Fall, denn die fortan ungerahmte Schöne machte schließlich die Größe des Opfers deutlich. Ja, und so ging es weiter. Jeder brachte ein Geschenk, und ab acht Uhr, nach der Wachablösung, ging es weiter. Klaus Hentrich, unser Funker, kam mit einem äußerst sinnvollen Präsent. Er überreichte dem Kleinen seinen Seesack, damit der die Sachen überhaupt verstauen und mitnehmen konnte, ein teures Ding aus Segeltuch und mit Messingösen, in London gekauft. Ja, was soll ich noch sagen? Es wurde die schönste, stimmungsvollste Weihnachtsfeier, die ich je auf See erlebt habe. Und ihr Erfolg ist ganz leicht zu erklären. Was den Männern gefehlt hatte, war jemand, den sie so richtig von Herzen beschenken konnten, und der war nun plötzlich da. Das Schenkendürfen ist eben viel wichtiger als das Beschenktwerden."

„Fuhr der Junge dann etwa mit bis nach Deutschland?" fragte der Wirt.

„Nein. Es kostete uns ein paar Funksprüche und ein kleines Bootsmanöver. Ein Schiff, dem wir begegneten und das Veracruz anlief, nahm ihn an Bord. Und danach..." der Alte suchte nach Worten, „also, weil die

Weihnachtsstimmung überhaupt nicht aufkommen wollte und dann ganz plötzlich
doch da war..., danach dachte ich, daß dieser kleine Mexikaner ... uns geschickt worden war. Man könnte auch sagen: geschenkt."

„Sie meinen", fragte die ältere der beiden
Studentinnen, und sie fragte es in vollem
Ernst, „daß Ricardo ... vielleicht ... das Christ-
kind war?"

Der Alte wiegte den Kopf, zögerte mit der
Antwort, sagte schließlich: „Drehen wir's mal
um! Ich würde niemals beschwören, daß er
es *nicht* war."

DIETER ZIMMER

Heiligabend

Ihr Antrag ist genehmigt. Sie haben das Land bis morgen vormittag zehn Uhr zu verlassen."

Gisela und Günter schauten sich sekundenlang sprachlos an, bis Gisela Worte fand: „Aber morgen ist doch Heiligabend!"

Der Beamte unter dem gerahmten Foto des Staatsratsvorsitzenden nickte lächelnd: „Das ist uns bekannt."

Günter sprang erregt von seinem Stuhl auf: „Aber wie sollen wir denn an so einem Tag ..."

„Das ist Ihr Problem", unterbrach ihn der Beamte kühl. „Wir haben Sie ja nicht gedrängt, die Entlassung aus der Staatsbürgerschaft zu beantragen. Im Gegenteil, wir haben Ihnen jahrelang abgeraten."

Der Beamte schob die Entlassungspapiere über den Schreibtisch und erhob sich.

„Eine Frage noch", sagte Günter rasch: „Können wir unser Auto mitnehmen?"

Der Beamte lächelte wieder: „Ihre gesamte bewegliche Habe. Wenn also Ihr Auto beweglich ist…"

Vor dem Rathaus war Weihnachtsmarkt. In grimmiger Kälte tanzten ein paar erste Schneeflocken über der kleinen Budenstadt. Der Duft von Thüringer Rostbratwurst stieg in die Nasen, und aus einem Lautsprecher klingelte es altbekannt: Klingglöckchenklingelingeling.

Gisela mußte heulen: „So plötzlich. Nach dreieinhalb Jahren nun Knall auf Fall. Das ist doch reine Schikane!"

Günter nahm sie in den Arm: „Aber es ist das letzte Mal, daß sie uns schikanieren können. Höchstens noch morgen an der Grenze."

Sie kauften sich zwei Rostbratwürste und zwei Becher Glühwein und hatten zur selben Zeit denselben Gedanken: Den Weihnachtsmarkt, den kannten sie nun schon von Kindesbeinen an. Sie stießen mit ihren Pappbechern an: „Auf das letzte Mal!"

Morgens noch vor sieben rollten sie mit ihrem beigefarbenen Trabant an die Grenze. Das Autochen war beladen bis unters Dach und auch übers Dach. Die Kinder klemmten zwischen Koffern und Kartons. Micha war fünf und verstand schon, daß sie eine weite Reise machten und er die Freunde vielleicht nie und die Oma lange nicht wiedersehen würde. Niki war erst zwei und quengelte nur, weil es ihr eng und unbehaglich war.

Der Grenzer schaute in die Pässe und sagte nur: „Aha." Der Zöllner amüsierte sich darüber, daß ganz oben auf dem Dachgepäck eine zusammengebundene Fichte festgezurrt war: „Nu gugge, sogar ä Weihnachtsboom schlebbn se mit nieber!"

„Wir hatten ihn schon gekauft", erklärte Gisela, „und ob wir drüben noch einen kriegen…" Sie fügte schnell hinzu: „Weil doch heute schon der vierundzwanzigste ist."

Die Kontrolle ging schnell und ohne Schikanen. Gisela führte es auf Desinteresse an den verachtenswerten Abtrünnigen zurück, Günter auf die zehn Grad minus.

Um halb elf Uhr vormittags standen sie, nach langer Suche in der fremden Stadt, vor der Tür ihrer Verwandten. Aber Tante Hedwig und Onkel Gerd machten nicht auf.

„Sie haben unser Telegramm nicht bekommen", vermutete Gisela.

„Sie sind einkaufen", glaubte hingegen Günter, „es ist doch Heiligabend."

„Ich will Smarties", nörgelte Micha, „wir sind doch jetzt im Westen."

Günter klingelte vorsichtig an der Wohnungstür nebenan. Eine junge Frau mit einer Packung Lametta in der Hand öffnete und schaute fragend: „Ja, bitte?"

„Entschuldigen Sie", sagte Günter, „Sie wissen wohl nicht zufällig, wo Ihre Nachbarn sind?"

„Zufällig weiß ich's", antwortete die Frau, „sie sind in Urlaub gefahren, nach Österreich."

„Ach du ..." Gisela sprach nicht aus, was sie dachte.

„Haben Sie nicht vielleicht eine Adresse von ihnen?" fragte Günter mit einem Rest Hoffnung.

Die Frau schüttelte den Kopf und wollte ihre Wohnungstür wieder schließen.

„Wir sind nämlich heute morgen aus der DDR gekommen", sagte Gisela schnell, „wir sind Aussiedler. So sagt man doch hier?"

Die Frau lachte: „Sie sind ja ulkig. Da suchen Sie sich ausgerechnet den Heiligabend aus!"

Gisela wollte empört richtigstellen, aber Günter kam ihr zuvor: „Wir brauchen eine

150

Bleibe, wenigstens über Weihnachten. Haben Sie nicht einen Schlüssel zu der Wohnung?"

„Ja", sagte die Frau, aber sie schien sogleich erschrocken, daß ihr das herausgerutscht war: „Wo denken Sie hin? Ich kenne Sie doch gar nicht."

Günter versuchte zu erklären: „Tante Hedwig ist die älteste Schwester meines Vaters. Sie ist schon vor dem Mauerbau in die BRD. Ihr Mann heißt Gerd und ist bei den Stadtwerken. Glauben Sie mir nun?"

Die Frau zögerte einen Augenblick, aber dann schüttelte sie entschlossen den Kopf: „Es geht nicht."

„Mit solchen wie uns?" fragte Gisela bitter. „Einem Zoni traut man besser nicht, lieber noch einem Zigeuner."

Die Frau drehte sich um und schlug ihre Wohnungstür zu.

„Gisela!" seufzte Günter.

„Ich muß mal", nörgelte Micha.

Um halb zwölf Uhr mittags standen sie vor einer Kirche und überlegten, einfach am Pfarrhaus zu klingeln. Günter konnte sich schwer dazu durchringen: „Ich war mein Lebtag in keiner Kirche, und jetzt soll ich um Hilfe betteln."

Gisela hatte solche Hemmungen nicht: „Erstens sind die reich, und zweitens müssen sie von Berufs wegen allen helfen, auch Gottlosen."

„Na schön", seufzte Günter, „aber ich tu's nur wegen der Kinder."

„Smarties", erinnerte Micha, als Günter losmarschierte.

Es öffnete eine ältere Frau.

„Grüß Gott!" sagte Günter, dem eine plötzliche Eingebung diesen Gruß angeraten erscheinen ließ.

„Grüß Gott!" antwortete die Frau.

„Entschuldigung, sind Sie die Frau Pastor?"

Die Gesichtszüge der Frau versteinerten: „Ich bitte Sie! Dies ist ein katholisches Pfarrhaus."

„Das tut mir leid", entschuldigte sich Günter rasch, „aber wir sind fremd hier. Wir sind aus der DDR, heute morgen angekommen, und suchen dringend eine Bleibe für ein paar Tage."

Die Frau schüttelte verwundert den Kopf: „Wo denken Sie hin! Wir haben in diesen Tagen alle Hände voll zu tun. Hier ist der Teufel los. Und da kommen Sie, mir nichts, dir nichts, und begehren Unterschlupf."

Günter wäre gern ohne Gruß gegangen, aber er dachte an Niki, die endlich eine Mütze Schlaf haben mußte: „Wir versorgen uns selbst. Wir brauchen wirklich bloß ein Dach überm Kopf."

Die Frau schien zu schwanken. Nach einer Weile fragte sie: „Sagten Sie, Sie seien katholisch?"

„Nein. Leider nicht." Günter ließ offen, ob er evangelisch oder gar nichts sei.

Die Frau dachte noch einmal nach. „Gut", sagte sie dann, „kommen Sie am zweiten Feiertag, da ist der größte Trubel vorbei."

Günter dankte und ging.

„Und?" fragte Gisela.

Günter schüttelte den Kopf.

Um zwölf Uhr mittags betrat Gisela ein Polizeirevier. Günter hatte sich gesträubt hineinzugehen. Giselas Beteuerungen, das sei hier eine andere Polizei als daheim, hatten ihn nicht umstimmen können.

Der Beamte unter dem gerahmten Foto des Ministerpräsidenten hörte sich Giselas Schilderung an und machte Notizen.

„Sie müssen nach Gießen", sagte er dann. „Alle Flüchtlinge und Aussiedler aus der DDR müssen ins Lager nach Gießen."

„Aber das ist doch endlos weit von hier, und es hat angefangen zu schneien."

„Da können Sie auch spät ankommen", beruhigte sie der Beamte, „die haben Tag und Nacht offen."

Gisela hatte Hartnäckigkeit gegenüber Behörden nie richtig gelernt. Sie dankte und verabschiedete sich.

„Dann müssen wir eben nach Gießen", stellte Günter trotzig fest. „Es ist ja erst Mittag."

Sie beschlossen, von dem wenigen Westgeld, das sie über die Grenze gebracht hatten, Proviant zu kaufen, Schokolade und Milch für die Kinder, belegte Brote und Selterswasser für sich selbst.

Vor einem Kaufhaus mit glitzernder Reklame wurde gerade ein Parkplatz frei. Günter zog los.

Er verkniff sich den Blick auf die vollen Verkaufstische, lief schnurstracks zur Lebensmittelabteilung und erledigte seine Einkäufe. Er nahm zusätzlich ein ganzes Netz Apfelsinen mit.

Als er wieder zum Auto wollte, hielt ihm ein Weihnachtsmann einen Reklamezettel hin und brummte durch seinen weißen Wattebart: „Fröhliche Weihnachten!"

154

„Hören Sie mir bloß auf mit Weihnachten!" antwortete Günter unfreundlich.

„Wieso?" fragte der Weihnachtsmann.

„Wollen Sie's wirklich wissen?"

„Klar."

Während der Weihnachtsmann weiter im Schneetreiben seine Reklamezettel an Passanten verteilte, hörte er sich Günters Geschichte an.

„Weißt du was?" sagte der Weihnachtsmann am Ende: „Ihr kommt zu uns."

„Aber das kann ich nicht annehmen", erwiderte Günter voreilig.

„Ach so! Vom Pfarrer oder von der Polizei hättest du's angenommen, aber vom Weihnachtsmann nicht?"

Günter gab freudig klein bei. Der Weihnachtsmann schrieb ihm seine Anschrift und den Weg dorthin auf die Rückseite eines feuchten Reklamezettels: „Um eins habe ich hier Feierabend, halb zwei könnt ihr zu uns kommen."

Um halb zwei parkte Günter seinen Trabbi vor einer Mietskaserne. An der Haustür vergatterte er seine Familie ein letztes Mal: „Wenigstens eine Nacht wollen wir ein Dach überm Kopf. Also seid nett zu den Leuten!"

Im dritten Stock öffnete auf das Läuten ein Mann, der ungefähr so alt wie Günter war, schwarze Locken und einen schwarzen Schnurrbart hatte.

„Hallo, ich bin der Weihnachtsmann", sagte er.

Er führte seine stummen Gäste durch den Flur in die Küche, wo eine ältere Frau mit Kopftuch und Schürze am Herd stand.

„Meine Mutter", stellte der Mann vor. „Sie spricht nur türkisch." Die Frau wischte sich die Hände an der Schürze ab und begrüßte die Gäste mit freundlichen, aber unverständlichen Worten. Zwei kleine Jungen stürzten neugierig herbei und überschütteten Micha mit Fragen. Micha wußte sich nicht anders zu helfen, als von seiner Schokolade anzubieten. Schließlich kam eine junge Frau hinzu und hieß die Gäste willkommen.

Günter hatte sich von seiner Überraschung erholt: „Ich dachte ja gleich, das ist kein deutscher Name, den du mir da aufgeschrieben hast: Yüksel Ugurlu."

„Tut mir leid", sagte Yüksel, „daß ihr nicht bei richtigen Christen untergekommen seid. Wir feiern kein Weihnachten. Wir haben nicht mal einen Weihnachtsbaum."

„Wir haben einen mit!" rief Micha.

Abends um acht mußten Micha und Niki zur Bescherung geweckt werden, denn sie hatten nach den Strapazen des Tages erst mal geschlafen wie die Bären. Sie packten ihre Geschenke aus. Micha machte eine Bemerkung, daß ja die Geschenke nicht vom Weihnachtsmann wären, sondern von zu Hause mitgebracht. Niki verstand noch nichts davon.

„Zum Abendessen gibt's Hammelfleisch", sagte Yüksel. „Ich bin schon zwanzig Jahre hier, ich bin sogar schon Bundesbürger, aber Weihnachten mit Gänsebraten und so... Nein. Wenn ihr wollt, machen wir euch das Fernsehen an, da ist jede Menge deutsches Weihnachten."

JULIA STREITZ

Ich bin bei Euch wie jedes Jahr…

Als ob wünschen, ganz fest wünschen etwas geholfen hatte, begann es einen Tag vor Heiligabend zu schneien. Stunden um Stunden segelten die Flocken hernieder, legten eine dicke weiße Decke über die große Stadt und machten sie schön.

Wir saßen bei Kerzenlicht, wie jeden Abend im Advent. Leise klapperten unsere Stricknadeln um die Wette. Norwegermuster aus Wollresten. Socken aus geräufelten Pullovern. Bloß unsere Lieder sangen wir nicht. Drei Tage vor Heiligabend und einen Tag nach ihrem achtzigsten Geburtstag war Großmutter gestorben.

„Petrus, schließ den Himmel auf..." hatte sie das alte Bummellied für sich abgewandelt. Er muß sie wohl gehört haben, denn mit den letzten Worten, die sie in hochaufgeschütteten Kissen gesungen hatte, schlief sie ein.

Die Nußbaumuhr auf Vaters Schreibtisch schlug neun. „Kommt, laßt uns schlafen gehen", sagte Mutter früher als sonst. Sie stand auf, und es war, als wolle sie alle trüben Gedanken damit abschütteln. Wir Kinder aber nahmen sie mit ins Bett.

„Jule, hörst du mich?" flüsterte Jutta in der Dunkelheit zu mir herüber. „Ja", flüsterte ich zurück, weil wir Mutter, die hinter angelehnter Tür schlief, nicht wecken wollten.

„Wir haben noch keinen Baum ..."

Ich wußte es, aber ich hatte nicht gewagt, die Eltern daran zu erinnern. Alle Tage schon hatte ich beobachtet, wie die mickrigen, verkrüppelten Kiefern schnell aus den Straßen verschwunden waren. Denn Weihnachtsbäume waren im Ost-Berlin von 1949 knapp wie alles, was das Leben ein bißchen schön machte.

„Meinst du, wir kriegen noch einen?" fragte meine Schwester erneut. „Stell dir vor, wir sitzen morgen ohne da! O nein, das ist kein Heiligabend ..." Sie seufzte, und ich hörte, wie sie ins Taschentuch schneuzte.

Am anderen Morgen war nichts wie sonst. Kein Kuchenduft, der aus der Küche kam. Kein Weihnachtslied aus dem Radio. Jetzt hätte auch ich heulen mögen.

„Mutti, wir haben keinen Baum ..." sagte ich schließlich. Sie schaute kurz auf, dann antwortete sie, ohne mich anzusehen: „In diesem Jahr gibt es keinen." Sie schluckte. „Vater will es nicht. Ihr müßt ihn verstehen. Es war doch seine Mutter…"

Was sollte ich antworten? Ich hatte gelernt, mich solchen Argumenten zu fügen. Jutta aber, vier Jahre jünger als ich, legte sich auf die Lauer, bis mittags Vater von der Arbeit kam. Einen Tag und eine Nacht hatte er im Akkord Holz geladen. Die Hände zerschunden. Die Augen hohl von der ungewohnten Arbeit. Auf dem Rückweg hatte er einen Abstecher in Großmutters kleine Wohnung gemacht.

Für Jutta war das das Stichwort. Sie sah nicht Vater. Sie sah nur das Weihnachten unserer Kindertage entschwinden. „Glaubst du wirklich", fragte sie darum und baute sich vor ihm auf, „glaubst du, Großmutter hätte das gewollt?"

Vielleicht war es die Erinnerung an diese schöne, fröhliche alte Frau, die sie heraufbeschworen hatte. Diese Frau, die ihren Mann vor Verdun, ihren ältesten Sohn in Polen verloren hatte, die nie jemand ohne ihr Strickzeug sah, weil sie uns damit ein Zubrot verschaffte, und die doch jedem Straßenbahnschaffner, die damals noch Fahrscheine im Wagen verkauften, fünf Pfennig Trinkgeld gab... Jedenfalls nickte Vater nach einigen Augenblicken wie abwesend. Dann griff er in sein Portemonnaie und holte fünf Mark heraus. Fünf Mark Westgeld, die er gegen zwanzig Mark Ost in einer Wechselstube eingetauscht hatte. „Da, nehmt", sagte er, „kauft euch euren Baum. Bloß hier in der Gegend gibt es wohl keinen mehr. Ihr müßt schon rüberfahren."

Ich sah, wie Jutta vor Freude rot wurde. Schnell, als könne es sich Vater anders überlegen, griff sie nach dem Geld. Dann liefen wir los, nahmen zwei Stufen auf einmal, um schneller auf den S-Bahnsteig zu kommen, denn schließlich rückten die Zeiger der großen Bahnhofsuhr auf eins...

„Am Gesundbrunnen gibt es noch Bäume", hatte der Mann vor dem Bahnhof gesagt, der letzte Tannenreste und Holzspäne zusammenkehrte. Und richtig. Gleich am Anfang der Brunnenstraße war noch ein Stand geöffnet. Etwas weiter sogar ein zweiter und ein dritter. Wir schauten uns an. „O Mann!" sagte Jutta und grinste vor Glück.

Ruhig, als machten wir einen ganz normalen Einkaufsbummel, inspizierten wir mitten im Gewühl der Leute, die noch Geschenke besorgten, die Tannen. Aber wenn hier auch West-Berlin war und die Schaufenster für uns wie die Bilder aus unseren Märchenbüchern aussahen – kleine, billige Bäume gab es nicht mehr. Nur große waren liegengeblieben. In dieser Arbeitergegend hätte niemand Platz dafür gehabt. Enttäuscht gingen wir an den ersten Stand zurück.

Ein alter Mann, die Beine in Filzstiefeln und einen dicken Schal über seine Mütze gebunden, stapfte sich im Schnee die Füße warm. Ab und zu holte er einen Flachmann aus der Joppentasche, trank einen tiefen Schluck und wischte mit dem Ärmel nach.

Der Mann hatte nur noch zwei Bäume an seinem Stand, und man sah ihm an, daß es ihn nach Hause zog. Bei ihm blieben wir stehen. Wir tuschelten. Gingen weiter. Kamen zurück, denn da lag eine Tanne, wie wir sie von früher kannten. Stattlich und schön, wie für unseren Erker gemacht.

„Na, Meechens?" sprach uns der alte Mann schließlich an. „Noch 'n Baum jefällig? Oder habt ihr schon een?"

„Nee, nich", sagte Jutta und schüttelte den Kopf. Weggewischt die gespielte Gleichgültigkeit. Nur Augen für den Baum.

„Na, denn mal los!" ermunterte uns der Mann. „Wieviel darf er denn kosten?"

Jutta holte die fünf Mark aus ihrem Fäust-
ling und hielt sie ihm stumm entgegen.

„Fünf Mark für soo 'nen stattlichen Baum?"
zierte sich der Alte. Aber dann sah er wohl die
Angst in unseren Gesichtern. „Also jebt det Geld
her", sagte er gönnerhaft. „Und denn nehmt det
Ding. Und nüscht wie los damit und fröhliche
Weihnachten!"

„Fröhliche Weihnachten!" riefen auch wir
und hätten den Mann am liebsten geküßt.

„Du", sagte Jutta, während wir – die eine
hinten, die andere vorn – den Baum zum
Bahnhof schleppten, „das hätte auch der Weihnachtsmann sein können."

An der Bahnsperre wurden die Fahrkarten
geknipst. „Wo wollt ihr denn damit hin?" fragte
der Schaffner skeptisch.

„Na, in 'n Zug", antwortete Jutta und dehn-
te das U, weil ihr die Frage zu dumm vorkam.
Der Beamte aber hatte schon Feiertagslaune.
„Wenn det man jutjeht", meinte er bloß.

Die S-Bahn rollte ein. Die Leute, die zum
Gesundbrunnen wollten, stiegen aus. „Los",
kommandierte ich, „geh vor!"

Jutta versuchte mit der Spitze zuerst hin-
einzukommen, aber es klappte nicht. „Anders-
rum!" kommandierte ich wieder. Jetzt ging ich
mit dem dicken Ende zuerst ins Abteil. Aber

ob es nun daran lag, daß die Tanne nicht zusammengebunden war, oder ob wir uns einfach nur schrecklich dumm anstellten – wir schafften es nicht, sie hineinzubugsieren.

„Einsteigen!" rief der Schaffner. Wir zogen den halben Baum schnell wieder heraus. „Probieren wir's beim nächsten Zug noch mal", schlug Jutta vor.

Es war kalt geworden. Eisig pustete der Wind den Schnee über den leeren Bahnsteig. „Ich könnte heulen", sagte Jutta, und ich hörte ihren Magen knurren. Nach zwanzig Minuten lief die nächste S-Bahn ein. Wieder stürmten wir ein Abteil. Diesmal gleich mit dem Baumstumpf zuerst. Aber es wollte nicht klappen.

„Einsteigen!" rief der Schaffner.

Da gaben wir auf.

„Los, wir laufen!" schlug ich vor.

„Die ganze Strecke?"

„Willste ohne Baum feiern?" fragte ich zurück.

„Nee", sagte Jutta und war bereits die ersten Stufen hinaufgestiegen.

Wir waren den Weg noch nie gelaufen. Wir wußten nur, er war weit. Wir wußten nicht, wie weit. Ein Mädchen von sechzehn, ein Mädchen von zwölf und ein Baum von drei Metern kamen abends um fünf zu Hause an.

„Gerade rechtzeitig zur Bescherung!" versuchte ich über Mutters Ängste, die sie unseretwegen ausgestanden hatte, hinwegzureden. Aber als wir unsere Mäntel ausgezogen hatten und die Wärme der Wohnung uns umkroch, gingen wir erschöpft, ohne zu sprechen, in unser Zimmer, und ich sah, wie Jutta Tränen über die Wangen liefen. Vater hat dann den Baum aufgestellt. Und Mutter hat ihn geschmückt, wie wir es in allen Jahren kannten, mit goldenen Kugeln, kleinen Glocken und Lametta, viele Jahre wieder aufgebügelt und doch wunderschön. Wir standen stumm unter dem Baum. Wir schauten ihn an, wie wir nie einen Baum bewundert hatten. Unseren Baum. Ganz leise begann Jutta „Stille Nacht" zu singen, und ebenso leise fielen Vater und Mutter in diesen Gesang ein ... Heilige Nacht.

Vater räusperte sich, wie er es immer tat, wenn ihn etwas bewegte. Er griff in die Jackentasche und holte ein Kuvert heraus, das er bei Großmutter gefunden hatte. Dann setzte er die Brille auf, öffnete den Umschlag, trat dicht an die Kerzen heran und las. „Meine Kinder", hatte Großmutter in Schönschrift geschrieben, „hier sind zwanzig Mark, damit Ihr Euch einen Weihnachtsbaum kaufen könnt. Und denkt daran, ich bin bei Euch wie jedes Jahr ..."

UTTA DANELLA

Endlich war wirklich Weihnachten

Wenn Regina in der Frühe dieser Dezembertage erwachte, hatte sie das Gefühl, die ganze Nacht nicht eine Minute lang geschlafen zu haben. Doch die Erinnerung an wirre Traumfetzen bewies, daß sie immer wieder, wenn auch nur für kurze Zeit, in Schlaf gefallen war.

Seltsamerweise träumte sie von ihrem Vater, das war bisher nie geschehen. Sie befanden sich in der Wohnung in Königsberg oder auf dem Land bei den Großeltern, der Vater war still und abwesend, und im Traum wußte Regina, daß er tot war. Er trug die Uniform, und vor dem sonnenüberglänzten Garten der Großeltern herrschte schwarze Dunkelheit, dort wartete das Ungeheuer, das ihn töten würde: der Krieg.

Von ihrer Mutter träumte sie nicht. Die Erinnerung an sie kam erst, nachdem sie wach geworden war, dann sah sie das blasse Gesicht vor sich, die verzweifelten Augen, dachte an ihr langes, stilles Sterben, hörte ihre Frage: Was soll aus dir werden, Kind, wenn ich nicht mehr da bin?

Das war drüben in der Ostzone gewesen, in dem kleinen Zimmer, das sie zusammen bewohnten, bei den lieblosen Leuten, die sie nach der Flucht aufgenommen hatten. Der Tod ihrer Mutter war noch nicht lange her, doch in der Hektik des vergangenen Jahres, im Unglück und auch im Glück dieser erfüllten Monate, war ihr der Schmerz um den Tod der Mutter ferngerückt, als sei eine viel längere Zeit vergangen. Auf einmal jedoch war alles wieder ganz nah.

Und an diesem Morgen war sie mit einem Schrei aufgefahren, in einem Alptraum war jenes entsetzliche Erlebnis wieder da, die Vergewaltigung durch die Russen, als sie vierzehn gewesen war. Sie fuhr wie eine Rasende aus dem Bett, machte Licht, blickte mit wilden Augen um sich. Dann hielt sie ihr Gesicht unter den kalten Wasserstrahl, bis sie zitterte.

Nicht mehr daran denken! Nie mehr daran denken.

Es war doch so gut gelungen, in den vergangenen Monaten die Erinnerung zu verdrängen, das neue Leben zu genießen, eine normale junge Frau zu sein, geliebt von einem Mann, der sie vergessen ließ, was einst geschehen war.

Im Herbst des vergangenen Jahres war sie wieder geflohen, freiwillig diesmal, aus dem Osten in den Westen, sie hatte alle Wunder der Welt erwartet und war einsamer gewesen als je zuvor, einsam, arm, ausgestoßen. Bis Janos kam, und da begann das Wunder wirklich.

Sie blickte in den Spiegel, strich das nasse Haar aus der Stirn und sah ihr Gesicht, wie es früher gewesen war, blaß, schmal, mit traurigen Augen. Ein unscheinbares Mädchen, genau wie vor einem Jahr. Bis ein Mann kam, der ihr sagte, daß sie schön sei, der ihr Gesicht, ihren Körper liebkoste, der sie zu dem Bewußtsein brachte, daß sie eine Frau war, die man lieben konnte. Das durfte nicht wieder verlorengehen, wenigstens das nicht. Sie war eine andere geworden in diesem Jahr, das war sicher, und wenn auch er nicht mehr da war, ihr neues Selbstvertrauen, der mühselig gewonnene Lebensmut durfte sie nicht verlassen.

Sie begann sich sorgfältig zurechtzumachen, das immerhin hatte sie gelernt, und wenn keiner es sehen würde, so tat sie es für sich selbst.

Sie bürstete ihr Haar und beschloß, vor Weihnachten noch einen Termin beim Friseur zu vereinbaren, ihr Haar mußte geschnitten und getönt werden.

Weihnachten! Was ging sie Weihnachten an?

An Weihnachten brauchte man keinen Gedanken zu verschwenden. Vor einem Jahr war sie allein gewesen, nun würde sie es wieder sein. Aber inzwischen war sie eine andere geworden, sie hatte Geld verdient, besaß ein kleines Apartment und viele hübsche Kleider. War das vielleicht kein Fortschritt?

Im vergangenen Jahr vor Weihnachten hatte sie als Aushilfe am Packtisch eines Warenhauses gearbeitet, eine relativ schwere Arbeit für sie, denn sie war zart und unterernährt. In der kleinen Stadt im Osten hatte sie jahrelang schwer arbeiten müssen in dem Haus, in dem sie und ihre Mutter untergekommen waren. Da man sie aufgenommen hatte, glaubte man, in ihr eine billige Arbeitskraft zu haben. Noch während sie in die Schule ging, und erst recht danach, mußte sie in der Gastwirtschaft arbeiten, die den Leuten gehörte, sie mußte putzen, Geschirr spülen, in der Küche helfen. Freundliche Worte bekam sie dafür nicht, geschweige denn Geld.

Der goldene Westen empfing sie nicht freundlicher. Die Arbeit im Warenhaus endete am Heiligen Abend, das Geld, das sie verdient hatte, mußte reichen, bis sie eine neue Arbeit fand, und das erwies sich als schwierig. Doch alles wurde so leicht, nachdem sie Janos kannte – Arbeit, ein neues Leben, Liebe.

Dann kam der Oktober, der Oktober dieses Jahres 1956. Der Aufstand in Ungarn.

Janos war vor Jahren schon aus Ungarn geflohen, hatte rasch Karriere gemacht, lebte unbeschwert und sorglos. Doch nun hatte die Vergangenheit ihn eingeholt: seine Frau, sein Sohn, seine Mutter kamen aus Ungarn, suchten Schutz und Hilfe bei ihm. In seinem Leben war kein Platz mehr für Regina.

Mit der Zeit werde sich alles arrangieren, hatte er lässig gesagt, doch Regina war gegangen. Für immer.

Sie stand vor dem Kalender, riß mechanisch ein Blatt ab. Zehn Tage noch bis Weihnachten. Komisch, daß die Zeit immer verging, ganz gleich, was geschehen war, sie stand nicht still, es war ihr egal, ob man glücklich war oder unglücklich.

Regina legte den Kopf in den Nacken, sie blickte trotzig den Kalender an. Die Zeit verging, na und? Das tat sie sowieso. Und warum sollte sie unglücklich sein? Sie hatte gewußt, daß Janos verheiratet war. Er hatte sich viele Jahre lang nicht um seine Familie gekümmert. Nun war sie da, die Familie, und sie hatte ein Recht auf ihn, auf seine Zeit, seine Fürsorge, sein Geld.

Keine Zeit mehr für eine große Liebe, die ohnedies kaum mehr als ein halbes Jahr gedauert hatte.

„Also!" sagte Regina zu dem Kalender. „Alles ganz normal. Soll er verdammt noch mal die Frau lieben, die er geheiratet hat und die sein Kind geboren hat."

Der Aufstand in Ungarn, zur gleichen Zeit die Suezkrise, man hatte wieder Angst gehabt vor einem Krieg. Die Angst saß einem immer noch im Nacken, immer noch und immer wieder.

Aber wie es schien, war es noch einmal gutgegangen, kein Krieg. War das nicht genug? Es war mehr als genug. Es war ein großes Geschenk, wenn das Jahr 1957 Frieden bewahren würde. War es da wichtig, daß sie Weihnachten allein sein würde?

Doch dann kam eine Einladung für den Heiligen Abend von einer Seite, von der sie es nie erwartet hätte, an die sie gar nicht mehr gedacht hatte.

Sie hatte sich schnell für eine Stunde freigenommen und war in die Stadt gegangen, um ein paar Weihnachtsgeschenke zu besorgen. In einem Laden begegnete ihr Ruth Bornemann, die dort in Begleitung ihrer Mutter ebenfalls Einkäufe machte.

Regina wollte mit einem Gruß vorübergehen, aber Ruth kam auf sie zu und rief: „O Regina, das ist nett, daß ich Sie treffe! Ich habe neulich immerzu bei Ihnen angerufen, aber ich konnte Sie nicht erreichen."

Sie sprachen von dem bevorstehenden Weihnachtsfest, und Ruth wollte wissen, wie und wo Regina Weihnachten verbringen werde.

Regina zuckte die Schultern. „Oh, bei mir findet nichts Besonderes statt. Ich bin allein und werde vermutlich zeitig schlafen gehen."

„Allein?" fragte Ruth. „Ist das nicht … nicht ein bißchen trübselig?"

„Es macht mir nichts aus", sagte Regina gleichgültig. Aber ihr Gleichmut war nicht ganz echt.

„Kommen Sie doch zu uns", sagte Ruth.

„O nein", sagte Regina. „Weihnachten ist ein Familienfest, da haben Fremde nichts dabei verloren."

„Och, bei uns sind eine Menge Leute da,

wir bekommen Besuch von auswärts, Verwandte und Bekannte, Freunde von mir und von meinem Bruder. Dann ist eine Freundin von mir aus Amerika da, mit der ich zusammen im College war." Sie lachte. „Irgendeine davon kommt immer mal herüber. Und Madge möchte gern ein richtiges deutsches Weihnachtsfest erleben. Wirklich, Regina, ich würde mich schrecklich freuen, wenn Sie kämen."

„Nein", sagte Regina wieder, „das geht doch nicht, Ruth. Was würden Ihre Eltern sagen?"

„Mutti kennt Sie ja und findet Sie reizend. Und mein Vater freut sich immer über hübsche Mädchen. Bitte, Regina, kommen Sie doch!"

Regina war es nicht recht. Was sollte sie bei den fremden Leuten? Gerade Weihnachten! Lieber wollte sie allein sein. Aber schon am nächsten Tag bekam sie eine schriftliche Einladung, die Ruths Mutter persönlich geschrieben hatte. Bis zuletzt wußte Regina nicht, ob sie gehen sollte oder nicht. War es nicht absurd? Was wohl Janos sagen würde, wenn er es wüßte?

Die hübsche Ruth war ein Flirt von ihm gewesen, durch ihn hatte sie das junge Mädchen kennengelernt.

Am Heiligabend selbst rief Ruth noch einmal nachmittags bei ihr an. „Sie kommen auch bestimmt, Regina?"

Regina sagte schließlich: „Ja."

Dann erst überlegte sie: Mußte man Geschenke mitnehmen in einem solchen Fall? Wohl kaum. Auch war es jetzt zu spät, etwas zu besorgen. Blumen für die Dame des Hauses, das würde genügen. Und die bekam sie wohl noch um diese Zeit.

Sie ging noch einmal fort, um in der Nähe Blumen zu besorgen. Wieder zu Hause, überlegte sie dann, was sie eigentlich anziehen sollte. Sie hätte Ruth fragen sollen. Nun, ein Nachmittagskleid war wohl das Richtige in diesem Fall. Ihr war ein bißchen unbehaglich zumute. Weihnachten bei fremden Leuten! Es war doch sehr ungewöhnlich. Aber sie hatte nun mal ja gesagt.

Herr Bornemann saß abseits in einer Ecke in einem tiefen Sessel und betrachtete mit ein wenig düsteren Blicken den lebhaften Betrieb, der sich um ihn abspielte. Er rauchte eine schwere Zigarre, neben ihm auf dem Tischchen stand das Sektglas, an dem er kaum genippt hatte. Das war also nun der Heilige Abend! Ein schönes Fest, ein gelungenes Fest. Oder etwa nicht? Seine Frau war zufrieden damit. Kein Grund, daß er es nicht auch sein konnte. Aber er fühlte sich dennoch nicht wohl.

Gar nicht zu verstehen warum. Es war alles da, was ein Mensch sich wünschen konnte: gut zu essen, reichlich zu trinken, ein schönes Haus, eine charmante Frau, zwei wohlgeratene Kinder – und noch ein Haufen netter Gäste. Durch die offene Tür, die ins Nebenzimmer führte, sah er den Weihnachtsbaum. Ein prächtiger Baum! Eine herrlich gewachsene Tanne, die vom Fußboden bis zur Decke reichte. Als die Kerzen vorhin brannten, war es wirklich ein zauberhafter Anblick. Die kleine Amerikanerin hatte ganz andächtige Augen gemacht und staunend geflüstert: „Oh, it's wonderful. It's really wonderful."

Von einer Langspielplatte hörten sie dazu die ganze Serie gängiger Weihnachtslieder, vollendet dargeboten. Herr Bornemann hatte einmal den Versuch gemacht, ein bißchen mitzubrummen, aber er hatte es schnell wieder aufgegeben. So gut konnte er doch nicht singen wie die auf der Platte. Besser, man ließ es sein.

Jetzt waren die Kerzen erloschen. Der Baum stand still und duftend in seiner Ecke, ein Fremdling in dieser Umgebung. Und Bornemann dachte: Er fühlt sich nicht wohl bei uns.

Vom Plattenspieler ertönte jetzt Jazzmusik. Die Kinder ließen die neuen Platten laufen, die sie sich gegenseitig geschenkt hatten. Sie schwärmten für Jazz. Manchmal drang ein Fachausdruck zu Bornemann herüber, den er nicht verstand. Es interessierte ihn auch nicht. Und er dachte weiter, nicht ohne einen geheimen Grimm im Herzen: Fehlt bloß noch, daß sie anfangen zu tanzen.

Es war nicht recht zu verstehen, warum ihm sein Weihnachtsfest nicht gefiel. Warum er sich so ungemütlich fühlte, hier, in seinem eigenen Haus. War denn nicht wirklich alles ganz großartig, so wie es war? Man brauchte nur an früher zu denken, da sah man, wie großartig es war.

Es war noch gar nicht lange her, noch nicht einmal ein Dutzend Jahre, da stand er mit leeren Händen vor seinem kleinen zerstörten Betrieb. Nichts war ihm damals geblieben. Und heute besaß er eine große florierende Fabrik, die munter auf der Wirtschaftswunderflut dahinschwamm. All das hatte er selber fertiggebracht, mit unermüdlichem Fleiß, mit gerissener Schlauheit und mit einer

gewissen Portion Rücksichtslosigkeit. Sicher,
die Zeit war ihm zu Hilfe gekommen, die Tat-
sache, daß er die richtige Branche hatte. Aber
vor allem war es seine ganz persönliche Tüchtigkeit.

Und nun hatten sie diese große prächtige
Villa hier am Stadtrand. So modern und kom-
fortabel eingerichtet, wie es nur eben möglich war. Letzten Sommer hatte er sogar auf
Drängen seiner Kinder ein Schwimmbassin
im Garten anlegen lassen. Hatte eine Stange
Geld gekostet. Er hatte einen großen Wagen,
seine Frau ein Cabriolet, der Junge fuhr jetzt
auch einen eigenen Wagen. Bloß die Kleine
noch nicht, obwohl sie ihn immerzu deswegen drängelte. Und sie hatten zwei ganz teure
Rassehunde. Und – nun, alles eben, was ein
Mensch sich nur wünschen konnte. Eine typi-
sche Wirtschaftswunderfamilie ersten Ranges.

Originell an dieser Familie war eigentlich
nur Bornemann selbst. Aber auf diese Idee
kam er nicht. Es war ihm nicht bewußt, daß
er etwas besaß, was Leute seines Schlages ge-
meinhin nicht besitzen. Er hatte Herz und
Phantasie. Und er konnte denken, auch über
seine Geschäftswelt hinaus.

An einem Abend wie diesem beispiels-
weise war er besonders nachdenklich. Er

dachte an früher. An die Zeit vor zehn, vor fünfzehn, vor zwanzig Jahren. Er hatte diese Zeit nicht vergessen. Über seine Leistung und seine Tüchtigkeit war er sich klar, aber auch darüber, daß er Glück gehabt hatte und daß die Zeit ihm günstig war. Er wußte genau, daß er in seiner Familie der einzige war, der gelegentlich darüber nachdachte. Seine Frau war vollauf mit sich selbst beschäftigt, vor allem damit, immer jünger zu werden, ihr Lebenslauf spielte sich jetzt hauptsächlich in Kosmetik- und Frisiersalons ab, in teuren Modeateliers, bei Modenschauen und bei Cocktailpartys.

Und Bornemann dachte: Sie hat nicht soviel Hirn wie ein Huhn.

Es war kein schöner Gedanke. Früher hätte er so etwas nie von ihr gedacht. Aber früher war sie anders gewesen, ein nettes junges Mädchen, heiter, liebenswert, wohl nicht übermäßig gescheit, aber für ihn hatte es immer ausgereicht. Und im Krieg war sie eine tapfere, tüchtige Frau, die ihren guten Anteil daran hatte, daß sie die schwere Zeit erträglich überstanden. Aber seit es ihnen besser ging, glich sie in nichts mehr der Frau, die er einmal geliebt hatte, wenn sie auch heute viel hübscher war als früher – doch, das gab er un-

umwunden zu: Sie hatte jetzt wunderschöne
hellblonde Haare und ein glattes, gepflegtes
Gesicht, und immer war sie sehr elegant gekleidet, auch die Figur hatte sie einigermaßen
bewahrt.

Na ja, und die Kinder? Konnte er damit
nicht erst recht zufrieden sein? Waren es nicht
zwei sehr erfreuliche Kinder? Die Tochter,
bildhübsch, ganz der Typ des modernen jungen Mädchens, sehr gebildet, viel gebildeter
als ihr Vater. Gewandt, weit in der Welt her-
umgekommen. Wie sie heute wieder aussah
in diesem zartfarbigen schimmernden Kleid,
das sie da anhatte! Bornemann mußte sie immer wieder ansehen. Seiner Meinung nach
war sie die hübscheste von allen Mädchen,
die heute hier waren. Nur manchmal fragte er
sich, was sie eigentlich drin hatte in ihrem
hübschen Kopf und in ihrem Herzen.

Dann der Junge, sein Stolz und seine große Hoffnung. Auch er schlank und gerade ge-
wachsen, mit einem gescheiten Kopf. Er hatte
spielend das Abitur bestanden. Jetzt studierte
er Jura, daneben noch Volkswirtschaft, das alles war für ihn eine Kleinigkeit. Über seine ei-
gentlichen Berufsziele allerdings war er sich
noch nicht im klaren. Aber bestimmt würde
er das wählen, was ihm am aussichtsreich-

sten, das heißt also am einbringlichsten erschien. Er kannte keine ernsthafte Neigung, keine Leidenschaft, keine Hingabe, er war eiskalt, berechnend, immer voll Überlegung. Weit davon entfernt, das zu haben, was sein alter Herr hatte, Herz und Phantasie.

Bornemann hatte sich nie viel Gedanken über das alles gemacht. Er hatte ja auch keine Zeit dazu. Und die Mängel und Fehler seiner nächsten Umgebung übersah man leicht, weil man daran gewöhnt war. Aber bei gewissen Gelegenheiten fiel es ihm auf. Und dann störte es ihn. Störte ihn so, daß er darüber todunglücklich werden konnte und sich seiner Familie sternenfremd vorkam. So eine Gelegenheit war Weihnachten.

Ein wenig war er nämlich sentimental, doch, auch das. Es paßte eigentlich nicht zu ihm. Aber ab und zu kam es zum Vorschein. Wenn seine Frau ein klein wenig Verständnis für ihn gehabt hätte, würde sie dem Rechnung tragen. Gerade an einem Tag wie Weihnachten. Aber so weit reichte es bei ihr nicht.

Jedes Jahr zu Weihnachten hatte sich Bornemann mehr geärgert. Immer hatte er alle reichlich beschenkt, was nicht schwer war, denn sie hatten stets eine Menge Wünsche, die sie ungeniert äußerten. Ihm hatte es Spaß gemacht, sie zu beschenken. Vergangenes Jahr zum Beispiel hatte seine Frau den Wagen bekommen. Dieses Jahr hatte sich Ruth einen gewünscht. Er fand das unnötig. Sie war noch zu jung mit ihren knapp zwanzig Jahren. Sie konnte sich Mutters Wagen gelegentlich leihen. Und sie hatte schließlich eine Menge Verehrer, die alle motorisiert waren.

Und seine Frau hatte sich diesmal einen Nerzmantel gewünscht. Auch das fand er überflüssig, sie besaß bereits drei Pelze. Herrgott, mehr als einen konnte sie doch nicht anziehen!

Und der Junge wollte partout eine Reise nach Indien haben. Ausgerechnet Indien! Er sollte erst mal mit seinem Studium fertig werden. Er selbst, Bornemann, war vor drei Jahren zum erstenmal in seinem Leben nach Italien gekommen. Und die Schweiz hatte er auch erst nach dem Krieg kennengelernt. Den Jungen hingegen interessierte das alles schon nicht mehr. Indien mußte es sein.

Die maßlosen Wünsche seiner Familie hatten Bornemann verärgert. Es ärgerte ihn vor allem deshalb, weil das ganze Weihnachtsfest für sie nur noch unter diesem Zeichen stand. Für ihn war Weihnachten etwas anderes. Für ihn war es ganz altmodisch das

Fest der Liebe, das Fest des Friedens. Er dachte sich etwas dabei.

Aber man kam kaum dazu. Man kam nicht zur Besinnung. Erst die glanzvolle Bescherung, dann ein mehrgängiges üppiges Festmahl. Von Anfang an waren Gäste da, später kamen noch mehr, Freunde der Kinder vor allem, auch Bekannte seiner Frau. Sie führten einander ihre Geschenke vor, es war ein ständiges Kommen und Gehen, Trubel und Bewegung. Nichts von Besinnung, nichts von einem Familienfest.

Das gefiel Bornemann nicht. Er wäre viel lieber mit seiner Familie allein gewesen. Es wäre ihm lieber gewesen, wenn es wenige, aber mit dem Herzen ausgesuchte Geschenke gegeben hätte, wohl etwas Gutes zu essen, aber nicht so viel. Und statt Sekt hätte er lieber einen kräftigen Punsch getrunken, so wie sie es zu Hause in seiner Jugend gemacht hatten. Er machte sich nichts aus dem labbrigen Zeug. Er hatte zwar vorhin ein paar Steinhäger getrunken, aber die hatten ihm heute auch nicht geschmeckt.

Übrigens hatte es in diesem Jahr von seiner Seite aus keine Geschenke gegeben. Er hatte ihnen nur kurz mitgeteilt, daß er einen großen Scheck an die Ungarnhilfe geschickt

habe. Er nehme an, daß er in ihrem Sinne gehandelt habe, hatte er dazu gesagt. Sie hätten
ja schließlich alles, was sie brauchten.

Sie hatten dumme Gesichter gemacht, es
hatte ein verlegenes Schweigen gegeben. Er
hatte das Gefühl, sie nahmen ihm das übel.
Nun, sollten sie.

Während er hier so saß, kam ihm ein
anderes Weihnachtsfest in den Sinn. Weihnachtsabend 1944. Die letzte Kriegsweihnacht.
Er war auf Urlaub von der Front dagewesen.
Schon das Jahr zuvor waren sie ausgebombt
worden, und damals saßen sie in der kleinen
dürftigen Wohnung, die man ihnen zugewie-
sen hatte und die sie mit anderen teilten.
Doch sie hatten ordentlich eingeheizt in dem
kleinen Zimmer, seine Frau hatte mit gespar-
ten Marken ein gutes Essen gerichtet, er hatte
zwei Flaschen Rotwein aufgetrieben und für
die Kinder von seinen Rationen Schokolade
gespart. So saßen sie alle vier um den Tisch.
Seine Frau hatte gesagt: „Hoffentlich kommt
kein Alarm", als sie das Essen auftrug. Und
daß dann wirklich keiner kam, war ihnen als
ein wunderbares Geschenk erschienen. Der
Junge war ein blasser, hochaufgeschossener
Dreizehnjähriger mit ernsten Augen. Er hatte
sich närrisch über die antiquarische Schiller-

Ausgabe gefreut, die der Vater ihm geschenkt hatte. Die Kleine war ein schmales, großäugiges Kind, dem die Mutter ein Kleid genäht hatte aus billigem, hartem Stoff, in dem das Kind sich unsagbar schön fand. Einen richtigen Weihnachtsbaum hatten sie nicht bekommen. So hatte man ein paar Zweige zusammengesteckt und drei Kerzen darauf befestigt. Und Bornemann schien es heute, als sei dieser Weihnachtsbaum viel schöner gewesen als die prächtige Tanne, die sie heute hatten. Sie saßen alle vier davor, vor den kümmerlichen Zweigen, und liebten einander und waren trotz der Schwere der Zeit, so seltsam das heute scheinen mochte, glücklich. Ja, Bornemann erinnerte sich gut daran, er war damals glücklich gewesen. Obwohl man ja nicht wußte, was kommen würde und was weiter geschah. Er erinnerte sich auch daran, daß er gesagt hatte: Gott gebe, daß dies die letzte Kriegsweihnacht ist, daß nun endlich Frieden auf Erden wird.

Im Jahr darauf war dann wirklich Frieden gewesen. Und sie saßen wieder und diesmal in Sicherheit alle vier beisammen. Sie hatten noch weniger zu essen, jedoch hatte er, Bornemann, damals bereits wieder ein Herz voller Hoffnung und einen Kopf voller Pläne.

189

Und nun waren viele Jahre vergangen. Alles war viel besser geworden, als man jemals zu hoffen wagte. Nur mit ihnen selber war es schlechter geworden. Das fand er jedenfalls. Das Herz war leer und tot, das war es. Ihr Gedächtnis reichte nicht mehr von heute zu gestern. Und daher, dachte Bornemann in seinem Sessel vor sich hin, daher wird auch der Verstand nicht von heute auf morgen reichen. Vor einigen Wochen noch, während der Ungarn- und Ägyptengeschichte, da hatte es ausgesehen, als besinne man sich. Da hatten sie auf einmal alle Angst gehabt. Aber das war schnell wieder vergangen. Das war das Unglück. Letzten Endes das Unglück der ganzen Menschheit. Er wollte sie dazu bringen, daß sie daran dachten. Deswegen gab es keinen Nerz, keinen Wagen und keine teure Reise. Aber sie hatten nicht verstanden, was er damit sagen wollte. Beim Essen hatte er mal den Versuch gemacht, von früher zu reden, wie es damals gewesen war. Sie hatten ihn alle verständnislos angeblickt, seine Familie und die Gäste. Seine Frau hatte ein unwilliges Gesicht gemacht, sie schämte sich jener dürftigen Zeit. Und Ruth hatte gesagt: „Aber Paps, wer denkt denn noch daran?"

Ja, das war es. Wer denkt denn noch daran? Und es wäre so wichtig, daran zu denken! Sie haben es doch erlebt am eigenen Leib, an der eigenen Furcht, an der eigenen Verzweiflung. Sie haben es nicht in einem Buch gelesen, nicht in einem Film gesehen. Sie haben es selbst erlebt. Aber sie dachten nicht mehr daran. Sie waren ihm nur böse, daß er ihnen keine kostbaren Geschenke gemacht hatte, und ließen ihn nun zur Strafe allein hinter seinem Glas sitzen, während sie sich amüsierten.

Da saß er nun und sah ihnen mit traurigen Augen zu. Er war nahe daran, sich zu fragen, ob er sie eigentlich noch liebte, so wie früher. Ob sie dieser Liebe noch wert waren. Aber er wollte nicht so genau in seinem Herzen nachforschen, besser nicht.

Und dann fiel ihm das Mädchen auf. Es saß nicht weit von ihm entfernt, auch allein. Es saß ganz still, mit ernsten, nachdenklichen Augen; es trug ein dunkelblaues Kleid, sein Gesicht war zart und schön, das Haar, blond und glatt, schimmerte im Licht einer Lampe. Irgendwie kam ihm dieses Gesicht bekannt vor, er mußte es schon einmal gesehen haben. Vielleicht war sie schon einmal dagewesen, sicher eine Freundin seiner Tochter. Er wußte ihren Namen nicht. Aber er fühlte sich auf eine seltsame Art zu ihr hingezogen. So verloren sah sie aus, so einsam, wie sie dasaß! Sie war nicht glücklich, das war ihr anzusehen. Von den anderen kümmerte sich keiner um sie. Das war nicht sehr höflich. Eigentlich müßte er als Hausherr... Als Regina einmal aufblickte, sah sie die Augen des Gastgebers auf sich gerichtet. Sie lächelte ein wenig verlegen. Sicher überlegt er sich, wer ich eigentlich bin, dachte sie. Ich hätte nicht herkommen sollen. Was tue ich eigentlich hier?

Bornemann erhob sich schwerfällig aus seinem Sessel und ging zu Regina hinüber.

„Sie haben ja gar nichts zu trinken", sagte er in einer immer noch ungelenken Art. „Darf ich Ihnen ein Glas Sekt holen? Oder möchten Sie lieber etwas anderes?"

„O nein, danke", sagte Regina. „Ich habe schon sehr viel getrunken. Ich möchte nichts mehr, wirklich."

„Hm", er überlegte eine Weile, dann entschloß er sich zur Höflichkeit, zog sich einen Stuhl herbei, der in der Nähe stand, und setzte sich neben sie. Dann fiel ihm aber nichts ein, was er zu ihr sagen konnte.

„Ein schönes Weihnachtsfest", sagte Regina nach einer Weile höflich. „Der Baum ist wundervoll. Ich habe noch nie einen so schönen Christbaum gesehen."

„Ja", sagte Bornemann. „Ein schöner Baum. Doch."

Darauf schwiegen sie wieder. Im Nebenzimmer hatten sie wirklich jetzt angefangen zu tanzen. Bornemanns Miene wurde wieder grimmig.

„Als wenn Fasching wäre", sagte er böse. Und dann plötzlich fragte er: „Finden Sie, daß dies die richtige Art ist, Weihnachten zu feiern?"

„Oh", sagte Regina verlegen. „Ich ... ich weiß nicht."

„Sagen Sie ruhig, was Sie denken! Ich bin nämlich der Meinung, daß es eine verdammt verkehrte Art ist. In meiner Jugend..." Er verstummte.

Regina hätte sagen mögen: Sie sind hier der Hausherr. Sie könnten bestimmen, wie Weihnachten gefeiert wird. Aber sie sagte es nicht. Es würde ihn vielleicht ärgern. Und er gefiel ihr. Sie hatte sich Ruths Vater ganz anders vorgestellt.

„Ihnen gefällt es jedenfalls auch nicht", sagte er. „Das sehe ich."

„Mir gefällt es sehr gut bei Ihnen", sagte Regina. „Es war sehr nett von Ruth, daß sie mich eingeladen hat."

„Sie sind eine Freundin meiner Tochter?"

Regina zögerte. „Eine Bekannte", sagte sie dann.

„Sie sind heute das erstemal bei uns?" Dann fiel ihm ein, daß diese Frage nicht eben sehr geschickt war. „Entschuldigen Sie, ich erinnere mich nur nicht ganz…"

„Ja", Regina lächelte ihm zutraulich zu. „Ja, ich bin heute das erstemal hier."

Er hätte noch fragen mögen: Wer sind Sie? Und das tun Sie sonst? Aber so etwas gehörte sich nicht. Solche Fragen konnte man sich im Geschäftsleben erlauben, wenn man so erfolgreich war wie er, aber nicht privat seinen Gästen gegenüber.

Aber die junge Frau gefiel ihm. Sie gefiel ihm gut. Sie sah klug aus, verständig, sie sah aus, als seien ihr Kopf und ihr Herz nicht leer, wie er das bei den anderen immer vermutete.

Regina sagte: „Zu Hause haben wir immer sehr schön Weihnachten gefeiert. Mein Vater nahm es sehr ernst damit. Wir gingen in die Kirche, und auch zu Hause war es dann immer sehr feierlich." Dann fiel ihr ein, daß das nicht gerade höflich klang, es klang, als kritisiere sie dieses Weihnachtsfest heute. „Das ist allerdings schon lange her", fügte sie hinzu. „Vor dem Krieg. Wir lebten in Königsberg."

„Ach so", sagte Bornemann und fragte dann: „Und wo sind Ihre Eltern heute?"

„Sie sind tot."

„Ach so", sagte Bornemann wieder. Nach einer Weile fragte er: „Und Sie leen ganz allein hier?"

„Ja."

Darauf entstand wieder ein längeres Schweigen, aber es war kein verlegenes Schweigen zwischen ihnen. Die junge Frau und der soviel ältere Mann waren sich nahe in dieser Stunde. Und sie waren sich gegenseitig sehr sympathisch.

„Als ich Kind war", erzählte Bornemann nach einer Weile, „gingen wir auch immer in die Kirche. Nachts um zwölf, in die Christmette. Das war sehr schön. Das ist auch lange her. Ich weiß gar nicht, wann ich das letztemal in der Kirche war. Hm. Das ist auch so was. Auf die Idee kommt man gar nicht mehr. Dabei wäre es Weihnachten doch ganz angebracht." Und plötzlich hatte er einen Einfall. Er blickte auf seine Uhr und sagte: „Es ist noch nicht zwölf, Viertel vor zwölf, wir könnten noch gehen. Sie und ich. Was halten Sie davon?"

Regina blickte ihn erstaunt an. „In die Kirche?"

„Ja. Möchten Sie nicht?" Er war etwas verlegen. „Sie dürfen nicht denken, daß ich
fromm bin. Wie gesagt, ich bin seit undenkli-
chen Zeiten nicht mehr in einer Kirche gewesen. Aber heute abend ist mir so..." Ja, heute
abend war ihm so. Hier gefiel es ihm nicht, irgend etwas fehlte, etwas ganz Wichtiges. Und
er hatte das Gefühl, er müßte es suchen, wenn
nicht hier, dann anderswo. Irgendwo mußte
es doch zu finden sein, das, was ihm an diesem Weihnachtsfest fehlte, die Wärme, die
Liebe, das selige Versinken, das Gefühl, daß es
nicht nur Menschenhände waren, die dieses
Weihnachten geschaffen hatten. Irgendwo
mußten doch Kerzen brennen, die nicht nur
Geschenke beschienen, ihre Eitelkeit und ihre
törichten Wünsche, sondern Kerzen, die etwas anderes sagen wollten mit ihrem Licht.
Irgendwo.

„Möchten Sie nicht?" fragte er noch einmal.

„Doch", sagte Regina. „Gern. Aber wie..."

„Wir schleichen uns heimlich hinaus",
sagte er eifrig. „Hier hinten gleich durch die
Tür. Das merkt niemand."

„Aber Ihre Frau..."

„Die merkt das auch nicht. Kommen Sie!"
Es bemerkte wirklich niemand ihr Ge-

hen. Auch vom Personal war niemand zu sehen. Bornemann half ihr im Vorraum in ihren Pelz, dann standen sie auf der Straße, und da hörten sie auch schon die Glocken läuten.

„Es ist nicht weit", sagte er, „zehn Minuten, da vorn ist eine kleine Kirche." Dann blickte er herab auf ihre dünnen Pumps. „Wir können auch fahren, ich hole schnell den Wagen."

„Nein, o nein", sagte Regina. „Ich gehe gern. Und der Schnee ist ja ganz fest und trokken."

Ein wenig ungeschickt bot er ihr den Arm. „Hängen Sie sich lieber ein, damit Sie nicht rutschen."

Es war ziemlich kalt, und in den letzten Tagen war Schnee gefallen, der hier draußen liegengeblieben war, gefroren zwar, aber weiß und rein. Der Himmel war klar, voller Sterne, und schon wenn man ihn betrachtete, war man dem wirklichen Weihnachten näher.

Sie kamen spät. Die kleine Kirche war gesteckt voll, nicht daran zu denken, daß sie einen Platz bekamen. Sie standen ziemlich weit hinten zwischen vielen Menschen. Auch hier war ein großer Christbaum, noch größer als der andere, seine Kerzen schienen heller und leuchtender zu brennen. Ihr Schein spiegelte sich in den Augen der Menschen, die hierhergekommen waren, drang bis in ihre Herzen. Und hier klangen die alten Lieder anders, süß und mächtig, hier konnte man sie mitsingen. Und hier endlich erklangen auch die Worte, die die alte wunderbare Botschaft verkündeten, um derentwillen dieses Fest gefeiert wurde: Ehre sei Gott in der Höhe und Friede auf Erden und den Menschen ein Wohlgefallen.

Hier endlich war wieder und wirklich Weihnachten.

ERICH VON DÄNIKEN

Für 100 Franken die ganze Welt

Der Christabend 1946 blieb mir in besonderer Erinnerung.

Vier Jahre Primarschule lagen hinter mir. Ich besuchte sie gern, weil es im großen Schulsaal eine Weltkarte gab, die meine Sehnsucht in ferne Länder ungeheuer anregte. Da es in unserer Wohnung in der Steigstraße 36 keine Wand gab, die groß genug für eine solche Weltkarte gewesen wäre, verkleinerte ich meinen einschlägigen Wunsch auf einen Atlas, wie ich ihn in einer Buchhandlung im Universitätsviertel in Basel in einer Auslage gesehen hatte: dick, stabil, an die 200 Seiten stark, kräftigfarbige Karten, manche mit Reliefcharakter. Während meine Eltern frühe Weihnachtsbesorgungen machten, war ich in die Buchhandlung eingetreten und hatte darum gebeten, mir den Atlas aus dem Fenster zur näheren Betrachtung in die Hand zu geben. Es war ein prächtiger Atlas! Seit diesem Spätnovembertag stand für mich fest: Dies und nichts anderes war mein Weihnachtswunsch. Drum stand auch nur diese eine heiße Bitte auf dem Zettel, den ich meiner Mutter am ersten Adventssonntag aushändigte.

Der ersehnte Abend kam. Wir vier Geschwister hatten mit den Eltern gesungen. Über den Geschenktischen lagen weiße Laken, die die Überraschungen vor unseren neugierigen Augen schützten. Brav wünschten wir „Fröhliche Weihnachten", um uns dann, bar aller Feierlichkeit, auf die Gabentische zu stürzen. Es war in jedem Jahr so, doch diesmal war es für mich anders. Der Atlas!

Genußvoll erhöhte ich mir die Spannung, indem ich langsam, behutsam, ja, fast ängstlich das weiße Tuch lupfte. Zuerst kamen kräftige Schuhe zum Vorschein und dann drei Paar Strümpfe in weicher, doch robuster Wolle, hernach ein braver Cordanzug von graugesprenkelter Farbe, ich kannte das Muster aus der Fabrik, es war in diesem Jahr ein richtiger Schlager. Dann folgte ein Karton mit einem Dutzend bunter Taschentücher, ein Dreierbündel mit roter Schleife zusammengebundener Flanellhemden, schließlich ein blanker schwarzer Malkasten mit Wasserfarben, die in runden Plättchen in Vertiefungen weißer Emaille lagen. Inmitten dieser praktischen Gaben stand der übliche bunte Teller mit Naschereien. Das war's! Kein Atlas.

Vorsichtig ging mein verwirrter Blick zu meinem Bruder Otto hinüber, der – zwei Nummern größer – fast dieselben Geschenke fand, nur hatte man ihm, weil älter, statt Malfarben einen Zirkelkasten zugedacht, den er in seiner Klasse benötigte. Otto hatte sich ein Fahrrad gewünscht, um an freien Nachmittagen seinem sportlichen Ehrgeiz auf einem entfernt liegenden Sportplatz schneller nachgehen zu können. Aber: auch sein Fahrrad war ausgeblieben.

Meine etwas älteren Schwestern Leni und Trudi jauchzten. Dem Lebensverständnis meiner Eltern entsprechend, waren auch ihnen viele praktische Dinge zugeteilt worden, doch sie fanden auch ihre mit den Wunschzetteln offenbarten heimlichen Wünsche erfüllt. Leni fand ein Köfferchen, das man heute „beauty case" nennt, wie es also – fraglos durch die Fürsprache meiner einsichtigen Mutter – einer angehenden jungen Dame zukam. Trudi konnte sich eines Strickapparates erfreuen, wie er damals gerade aufgekommen war, eine richtige kleine Maschine, mit der sich fixer als mit klappernden Nadeln Pullover und ähnliches anfertigen ließen.

Otto und ich waren enttäuscht. Wir konnten es auch nicht verbergen. Die Eltern beobachteten es, und sie sahen es mit jenem vieldeutigen Schmunzeln, das Kinder allemal unsicher macht. Unsere schlechten Gewissen hinderten uns zu fragen, warum denn wir nicht unsere Wünsche erfüllt bekommen hatten. Der Weihnachtskarpfen stak uns auch ohne Gräten quer im Hals. Nicht mal das *mousse au chocolat*, eine Spitzenleistung der mütterlichen Küche, wollte schmecken.

In unserem Zimmer zählten wir flüsternd all die Streiche und Untaten der letzten Wochen auf, von denen wir angenommen hatten, sie wären nicht bis zu den Eltern vorgedrungen. Wir hatten uns offensichtlich geirrt und beschieden uns in die resignative Erkenntnis, daß Eltern eben doch alles wissen.

Es war schon tiefe Nacht, als wir enttäuscht und übermüdet einschliefen. Es war ein trauriger Abend gewesen. Hatte ich mir doch vorgenommen, an den Weihnachtstagen einige Weltreisen vorzunehmen, deren Routen und Zielorte ich in einem kleinen, in schwarzes Wachstuch gebundenen Heft notiert hatte, seit mein Atlas-Wunsch auf die Reise gegangen war.

Vom Turm der nahen Steigkirche hörten wir sieben dumpfe Glockenschläge, die mit dem ungestümen Läuten der Haustürglocke zusammenklangen. Wir überhörten beide Glockensignale, wir waren verkatert ob der Enttäuschung und willens, bis Mittag zu schlafen, weil sich unser Kummer derart am besten verdrängen ließ. Tief unter die Decken verkrochen, spitzten wir die Ohren, um zu horchen, wer denn da am ersten Weihnachtstag den Morgenfrieden so unerhört zu stören wagte. Man sprach gedämpft, nichts war zu verstehen, doch dann näherten sich Schritte, und wir „schliefen" noch fester; Otto fügte sogar ein schnarrendes Schnarchen hinzu. Die Tür öffnete sich, und meine Mutter rüttelte uns wach: „Aufstehen! Da ist der Postbote mit Einschreibebriefen für euch! Ihr müßt sie unterschreiben!"

Auch das noch! dachten wir und liefen mit nackten Füßen die Stiegen hinunter. Mit von der trockenen Winterluft geröteten Bäckchen stand der kleine Briefträger unter der Tür: „Für Sie, meine Herren!" rief er und wedelte mit zwei übergroßen Umschlägen von jener gelben Farbe, wie sie Schweizer Banken vorzugsweise zum Versand ihrer Papiere benutzen.

Die gelben Umschläge waren längs der oberen Kante mit allen PRO JUVENTUTE-Marken beklebt, wie sie unsere Post alljährlich um diese Zeit zu wohltätigen Zwecken ausgibt. CHARGÉ stand groß auf den Kuverts. Der vergnügliche Bote legte die Zettel, die wir zu unterschreiben hatten, auf den Rücken der Ledertasche, die er vor seinem Bäuchlein trug. Bedächtig schrieben wir unsere Namen, und uns war gar nicht sehr wohl bei dieser Post. CHARGÉ. Und das am Weihnachtstag!

Meine Mutter zog sich zurück, wir stiegen wieder zu unseren Zimmern empor, setzten uns auf die Bettkanten und rieten, was denn wohl in den Umschlägen drin sein könnte. Otto holte sein Pfadfindermesser aus dem Schrank und setzte die Spitze vorsichtig in jener Ecke an, die nicht ganz festgeklebt war, und trennte den festen Umschlag auf. Er reichte mir das Messer, aber ich wartete, um erst mal zu sehen, was denn überhaupt zugestellt wurde. Sonst von ungestümer Neugier, ließ ich mir diesmal Zeit. Langsam zog Otto eine doppelte Pappeinlage hervor. Und saß stumm da. Und starrte mich an. Und sagte: „Und nun du!"

Couragiert schlitzte ich meinen Umschlag auf und angelte die nämliche Pappeinlage heraus. Es waren zwei Kartons, die mit den weißen Klebestreifen, wie sie am Rand von Briefmarkenbögen übrigbleiben, zusammengeklebt waren. Noch einmal faßte ich mir ein Herz und zerriß die Streifen. Ich hatte einen Brief in der Hand, darin ein Geschäftsbogen. In der Mitte stand: MUNOT, Kleiderfabrik, Schaffhausen – Besitzer Otto von Däniken. Ich las:

Lieber Erich,
Du mußt Dich daran gewöhnen, daß Wünsche nicht immer dann und sofort in Erfüllung gehen, wenn man es sich wünscht. Darum haben Mutter und ich uns ausgedacht, Euch diesen Brief zu schreiben. Wenn Du den weißen Brief öffnest, wird Dein Weihnachtswunsch erfüllt sein. Möge Dir der Atlas ein Leben lang Freude machen.
Das wünschen Dir
Dein Vater und Deine Mutter

Er hatte es wirklich spannend gemacht. Nunmehr mutig, öffnete ich den weiteren Umschlag… und hielt einen nagelneuen 100-Franken-Schein in der Hand. Der Atlas!

Mehr noch, denn „mein" Atlas in Basel kostete nur 60 Franken.

Otto fand wie ich einen bankneuen 100-Franken-Schein. „Sein" Fahrrad. Mit Dynamo und drei Schaltgängen kostete es genau 98 Franken. „Bleiben zwei Franken für Flickzeug", sagte er.

Unsere Wünsche waren erfüllt!

Wir wuschen uns, fuhren wie der Blitz in unsere Kleider, tobten die Stiegen hinunter, fanden die Eltern bereits am festlich gedeckten Tisch. Mit unseren Schwestern, die vom „Streich" des alten Herrn längst wußten. Unser Dank war stürmisch, unüberhörbar und ehrlich. Noch nie hatten wir einen so schönen faltenfreien frischen 100-Franken-Schein gesehen. Und der gehörte uns!

Otto schilderte der Familie Vorzüge und Fähigkeiten seines Fahrrades; er hatte es sich in Vorfreude auf das Geschenk einige Male im Geschäft an der Straßenecke angesehen, hatte sogar schon darauf gesessen und eine kleine Runde gedreht. Es gab, versicherte er, kein zweites Fahrrad wie dieses. Ich war für meine Verhältnisse sehr still, ich hoffte inständig, „mein" Atlas würde in der Basler Buchhandlung noch zu haben sein, immerhin waren seit der Besichtigung einige Wochen vergangen.

Für Otto standen nur zwei harte Tage bevor, dann konnte er sein Fahrrad abholen; aber wann würde ich nach Basel kommen? Für mich stand fest, daß es nur dieser Atlas sein konnte. Hinweise, es gäbe auch in Schaffhausen sehr gute Atlanten, überhörte ich. Nein, nein, nein, es sollte der sein, den ich in der Hand gehabt hatte.

Otto und ich saßen vorm Tisch unter dem Weihnachtsbaum. Die Scheine lagen vor uns.

„Wer wird die in die Hand kriegen?" fragte Otto.

„Deinen? Dein Fahrradhändler!" sagte ich.

„Ja, und dann? Der behält ihn doch nicht!"

„Hast recht", sagte ich, „so'n Schein kann eine Weltreise…"

„Den werden wir nie wiedersehen", sagte Otto ziemlich traurig, denn er hatte eine stärkere Affinität zum Geld als ich.

Ich grübelte. Schade. Zum erstenmal reich, war der Schein eigentlich doch nur eine Leihgabe. Ein Tauschobjekt für unsere Wünsche. Ein Stückchen Wohlstand auf Zeit. Wie der Blitz fuhr ein Gedanke durch meinen kleinen runden Kopf:

„Otto! Wir schreiben unsere Namen drauf! Vielleicht erkennen wir sie dann wieder. Irgendwann. Irgendwo."

„Geht nicht", stellte Otto fest. „Dann sind die Scheine ja ungültig."

„Meinst du? Auch wenn wir sie nur ganz, ganz klein an den Rand schreiben?"

Otto unterzog seinen Schein einer sehr genauen Prüfung.

„Hier! Hier an den äußersten Rand kann man ihn vielleicht schreiben..."

Ich holte Ottos neuen Zirkelkasten und nahm Maß.

„Knapp drei Millimeter", stellte ich fest.

„Ist aber sehr knapp", meinte Otto.

Wir nahmen den MUNOT-Bogen, zogen zwei Linien in drei Millimeter Abstand und bemühten uns, in allerbester Schrift unsere Namen auf einem Blatt Papier mehr zu drucken als zu schreiben. Der Nachmittag verging. Gegen Abend hatten wir die Lösung gefunden: es mußte eine flache, runde Antiquaschrift sein wie in Ottos Lateinbuch. Die endgültige Eintragung unserer Namen verschoben wir auf den zweiten Feiertag. Unsere Hände waren zittrig geworden vor lauter Üben, aber dieses Werk wollte mit ruhiger Hand getan sein.

Hatten wir am Abend zuvor aus Kummer keinen Schlaf gefunden, wollten sich die Augen heute vor Glück und Spannung nicht schließen. – Wir hatten unsere Traumgeschenke in Form zweier 100-Franken-Scheine auf den Nachtkästen liegen – und dazu kam die Inschrift unserer Namen. Das war schon eine rundherum gesegnete Weihnacht.

Vielfach geübt, war die Arbeit am nächsten Vormittag erledigt. In die Feder, wie sie Architekten benutzen, um ganz feine Linien zu ziehen, füllten wir schwarze Tusche, fuhren probeweise über Schmierpapier, um Kleckse auf den Scheinen zu vermeiden. Zuerst schrieb Otto, ich hielt einen Lappen zum Putzen der Feder bereit. Otto machte es tadellos. Die Tusche trocknete, wir legten den Schein in die Bibel, damit er sich nicht verzog. Der Schein sah immer noch aus wie frisch aus der Notendruckpresse. Niemand würde wohl die urkundliche Eintragung bemerken.

Nun griff ich zur Feder aus Ottos Zirkelkasten und schnörkelte meinen Namen an den Rand. Es war noch ein wenig Platz dahinter, so daß ich vorschlug, das doch so wichtige Datum hinzuzufügen: 26. 12. 1946. Das war eine, wie uns schien, wesentliche Ergänzung.

Otto brachte sie auf seinem Schein auch an. Zwei 100-Franken-Scheine zweier kleiner Buben konnten ihre Reise antreten.

Otto, der es vielleicht selbst riskiert hätte, wenn er älter gewesen wäre, sah seinen Schein schon in den Schalter einer Spielbank gereicht, wo er gegen Jetons eingewechselt wurde, um dann in der Morgenfrühe einem dicken Amerikaner ausgehändigt zu werden, der einen saftigen Gewinn gemacht hatte. „Der kauft sich am selben Tag bestimmt einen Rolls-Royce!" behauptete Otto.

„Und dann?" fragte ich. „Was ist mit dem Schein?"

Otto überlegte. „Der wird dann ins Werk geschickt, der Wagen muß ja bezahlt werden!"

„Nehmen die Engländer denn Franken in Zahlung?" wollte ich genau wissen.

„Bestimmt", sagte mein Bruder, „Franken sind in der ganzen Welt gültig."

Damals ahnten wir nicht, daß unser gesunder Franken tatsächlich eine überall begehrte Währung darstellte.

„Und", insistierte ich, „bleibt der Schein dann bei Rolls-Royce im Geldschrank?"

Otto lächelte überlegen: „Nein, das Werk liefert den Schein bei der Bank von England ab, und dann kriegt es Pfunde dafür."

„Was sollen die mit Pfunden machen? Mit was für Pfunden überhaupt?" – Ich hatte keine blasse Ahnung, daß er die britische Währung meinte, aber er erklärte es mir, wie ich nachträglich meine, mit erheblichem Sachverstand. Damit, schien uns im Moment, war der Weg seines Scheines klar. Vorerst. Und bis auf weiteres.

„Und was macht der Buchhändler mit deinem Schein?" fragte Otto.

Darüber hatte ich noch nicht nachgedacht, aber mir schien es logisch, daß der Mann ihn auf die Bank tragen würde. Da lag nun also auch meine Note brach.

Wir dachten über diesen Widersinn nach. In das stille Grübeln platzte ich mit meiner Mutmaßung:

„Ja, und dann kommt ein Professor von der Uni an den Schalter, und der will nach Ägypten reisen, um dort Ausgrabungen zu machen. Der holt sich Geld für die Reise und kriegt meinen Schein!"

„Und den tauscht er in Ägypten gegen Pfund?"

„Eben hast du doch gesagt, das wäre die englische Währung..."

„Erich! Die Ägypter rechnen nach ägyptischen Pfunden!"

Aha. Es war verwirrend.

„Dann liegt mein Schein also auf einer ägyptischen Bank?"

„Ja. Bis ein Engländer kommt, der zu den Sommerkonzerten nach Luzern will. Dem geben sie dann deinen Schein gegen englische Pfund!"

„Dann ist er ja wieder bei uns im Lande!"

„Vorübergehend."

„Wieso vorübergehend?"

„Geld ist immer auf der Wanderung", stellte Otto altklug fest. „Es wird vielleicht einer kommen und deinen Schein einwechseln. Vielleicht ein Eskimo, der nimmt ihn mit nach Lappland."

Das hätte Otto nicht sagen sollen. Ich war seiner Klugheit schon fast blind erlegen. Nun endlich kannte ich mich besser aus als er; ich versicherte ihm, daß Eskimos an der amerikanisch-kanadischen Eismeerküste wohnen; bis Labrador und Grönland und in Alaska. Ottos ethnologischen Kenntnissen war ich augenscheinlich überlegen. Nachdem ich das erläutert hatte, grunzte er:

„Meinetwegen! Meinetwegen kann sie auch ein Indianer einsacken..."

Das gefiel mir schon besser. Amerika! Und mein Jungenherz gehörte seinen Ureinwohnern. Im Moment aber waren beide Scheine in die Schweiz zurückgekehrt. Heute will mir scheinen, daß unsere Fantasie so unrealistisch nicht war. Unsere guten Fränkli suchen gern den Weg heimwärts in den Stall.

Dieses Ratespiel: Wo sind unsere Scheine jetzt, heute? haben wir viele Jahre lang gespielt, und manchmal, wenn später ein guter Rotwein die Wolken der Träume aufsteigen ließ, spielten wir es weiter, spielen es manchmal noch, obwohl...

Aber da würde ich der Geschichte vorgreifen.

Am nächsten Morgen standen Otto und ich vor der Tür des Fahrradladens, ehe noch die eisernen Rolladen hochgezogen waren.

„Haben Sie mein Rad noch?" rief Otto dem Geschäftsinhaber zu, der selbst die Kurbel drehte. Er warf Otto einen einladenden Blick zu: „Komm herein!"

Da stand das Rad mitten im Laden, und am Lenker baumelte an roter Schnur ein Kartonzettel, wie er an Bahnfrachtsendungen gehängt wurde, die täglich aus der väterlichen Kleiderfabrik ausgeliefert wurden. „Otto v. D." stand darauf. Mein Vater hatte ihn anbringen lassen. Wir waren gerührt ob dieses so weitsichtig disponierten Weihnachtsgeschenks.

Außerdem hatte Vater vom Kaufpreis zehn Franken abgehandelt. Otto hatte 88 Franken zu zahlen. 12 Franken Supplement säckelte er ein.

„Morgen machen wir uns einen schönen Tag!" jubelte Otto, während er mich einlud, auf dem Gepäckständer Platz zu nehmen. Weil der Bürgersteig ziemlich glatt war, war die Heimfahrt nicht sehr gemütlich – aber herrlich! So ein Rad! Otto benahm sich wie ein hochherrschaftlicher Chauffeur, setzte mich vorm Haus ab und nahm aus der Satteltasche ein Tuch, um das Rad nach der ersten Benutzung gründlich zu putzen.

„Was machen wir denn morgen?" fragte ich.

„Dein Atlas kostet 60 Franken. Ich habe noch 12. Wir reisen morgen nach Basel!" Das war eine blendende Idee. Hatte ich mir doch schon zwei Tage lang den Kopf zerbrochen, wie und wann ich den Atlas kaufen könnte.

Es waren Ferien, die Eltern noch in nachglimmender Festtagslaune, nichts wurde unserem Plan in den Weg gestellt.

Abends trug Otto sein Fahrrad hinauf in unser Zimmer. Er stellte es ans Fußende meines Bettes, weil es vor seinem Bett keinen Platz hatte, denn dort stand unser Schrank.

Mehrmals noch in der Nacht knipste er das Licht an, um das Rad zu betrachten. Dann schlief er ein. Er hatte, was er sich so sehr gewünscht hatte. Ich konnte nicht einschlafen, weil mich Sorge erfüllte, daß mein Atlas zu Weihnachten auf einem anderen Gabentisch gelandet sein könnte. So ein Prachtstück aus dem Schaufenster mußte doch einen Liebhaber gefunden haben; wer konnte dem widerstehen?

Der Frühzug ging kurz nach fünf Uhr. Der Ostwind blies über den Bahnsteig und trieb winzige, spitze Eisstückchen in unsere Gesichter. Vom Atem der Fahrgäste waren die Fenster in den Abteilen bald zugefroren. Wir wußten nicht, wie die Stationen hießen, an denen der Zug hielt. Ein ums andere Mal erkundigten wir uns: „Ist das Basel?", bis schließlich ein hagerer Herr anmerkte: „Wenn ich aussteige, dann sind wir in Basel!" Wir verfielen in Schweigen und warteten, daß sich der Herr erhöbe.

Nicht nur, daß wir zu früh, viel zu früh vor meinem Buchladen standen, es hing ein Schild an der Scheibe: „Wegen Inventur vom 27. 12. – 2. 1. geschlossen". Basta. Aus der Traum. Schon im Weggehen, fiel mir gottlob ein, daß die Angestellten zur Inventur ja auch herkommen mußten, es also durchaus Sinn hatte zu warten. Wir gingen die Straße auf und ab, hätten gern einen wärmenden Kaffee getrunken, aber wir trauten uns nicht, denn wir hätten die Angestellten versäumen können.

Inventur scheint eine gemütlich gehandhabte Sache zu sein. Es war schon neun, und niemand war gekommen. Otto drängte zum Aufbruch: „Dann sind wir mittags wieder zu Hause. Ich muß nachsehen, ob mein Rad ein Rücklicht hat. Hat es ein Rücklicht?" – Ich hatte nicht darauf geachtet, aber für Otto war diese Frage ein Grund, auf Heimreise zu drängen. Rücklicht, das war damals *dernier cri*.

„Werfen wir ein Stützli!" schlug ich vor, um Zeit zu gewinnen. Ich angelte ein Frankenstück aus der Manteltasche. „Zahl bedeutet warten..." sagte ich und warf es mit Geschick so in die Luft, daß das Frankenstück platt hinfallen mußte. „Warten!" stellte ich fest und wies Otto die Zahl vor. Es galt.

Schon eine halbe Stunde später hatte es sich gelohnt. Ein junger Mann näherte sich mit einem rundlichen Fräulein. Sie gingen auf meine Buchhandlung zu, der junge Mann öffnete die Tür mit einem riesigen Schlüssel. Zaghaft traten wir ein. Ich sagte mein Sprüchlein. Den Atlas führe man in dreifacher Ausfertigung, erklärte der freundliche Herr. Doch wisse er nicht, ob er heute überhaupt noch ein Exemplar verkaufen dürfe, man hätte Inventur, wir sollten uns umsehen oder Platz nehmen; diesen Verkauf könne nur der Chef entscheiden.

In einem kleinen Nebenzimmer kochten sich die beiden Angestellten erst mal einen Kaffee, dessen Duft fast süchtigmachend in unsere Nasen kribbelte. „Mögt ihr eine Tasse?" rief das Fräulein. „Gern!" platzte ich heraus, während Otto mir mit beiden Händen besänftigende Zeichen machte. Es war einer der besten Kaffees, die ich je getrunken hatte, doch nirgends sah ich meinen Atlas. Und so fragte ich: „Kann ich den Atlas mal sehen?"

Der junge Mann winkte mir zu. Wir gingen in einen Raum, der auf hohen Stellagen Bücherreserven trug, die, wie mir schien, ungeheure Mengen darstellten. Am Ende der Regale, unter einem viereckigen Fenster in großer Höhe, stand ein Globus. Riesengroß. Auf einem Eisenfuß. Gehalten von einem Messingring um den Äquator. Fantastisch. In der Gänze war der Globus so groß wie ich, ich konnte Arktis und Nordpolarmeer unter meinen Augen drehen. Da rollten sie an mir vorbei, die Erdteile, die Inselgruppen, die Meere. Mir wurde schwindelig vor Glück und Begehrlichkeit. Mit rauher Stimme, ich hörte, daß meine Stimme nur verschwommen klang, fragte ich:

„Was kostet denn dieser Globus?"

„Weiß ich nicht, müssen wir den Chef fragen. Der wurde im Sommer bestellt, aber nicht abgeholt. Weißt du, das war so ein windiger Student, der hat sicher das Geld dafür versoffen!" – Versoffen. Ich dachte, ich höre nicht richtig. Hat einer Geld, sich so einen Globus zu kaufen, bestellt ihn und versäuft das Geld. Dieser Student hatte, ich spürte es deutlich, dieses Wunderwerk nicht verdient.

Wir stöberten in Bücherbergen. Ich fand herrliche Bildbände aus Südamerika, aus Mittelamerika, aus Indien. So verging die Zeit, und ich bemerkte nicht, daß der Chef erst gegen Mittag kam, einen Korb mit frischem duftendem Gebäck neben die Ladenkasse stellte und mit fröhlichem Gruß seine beiden Leute begrüßte. Er nahm Otto und mich erst wahr, nachdem er seinen pelzgefütterten Mantel an den Haken gehängt hatte.

„Nun, meine Herren, was darf es denn sein?"

Er trat zu uns. Ich haspelte herunter, daß

ich im November einen Atlas im Schaufenster gesehen hätte, den er mir dann selbst gezeigt hätte.

„Ich erinnere mich", sagte der Chef, holte eine fünfstufige Leiter und griff meinen Atlas aus dem Regal.

„Den habe ich über die Weihnachtszeit weggestellt, da kaufen die Leute meist andere Bücher", erklärte er. Ich hatte den Atlas im Arm, aber mit leicht schlechtem Gewissen empfand ich eine seltsame Art von Enttäuschung, fast so etwas wie Untreue. Der Globus hatte mich gefangengenommen. Total.

„Kostete 60 Franken. Ich gebe ihn dir um fünf Franken billiger", sagte der Chef. Meine Wangen wurden warm, ich spürte, wie ich errötete.

„Darf ich Sie etwas fragen?"

„Nun, frag nur. Willst du mit mir handeln?" schmunzelte der Chef.

„Nein, nein!" beteuerte ich. „Ich möchte nur gern wissen, was denn der Globus in der Kammer nebenan kostet!"

„Der Globus? Ach ja, der! Da muß ich mal nachsehen." Der Chef verschwand im Nebenraum, kam aber gleich zurück.

„Der ist teuer, mein Lieber. Fabrikneu. Kostet 98 Franken. Zuviel, denke ich, was?"

Ich muß noch röter im Gesicht geworden sein.

„Nun, ich kann ihn dir für 88 Franken geben. Er wurde bestellt und nicht abgeholt. Ganz neu ist er also, genaugenommen, nicht!"

„88 Franken?" fragte ich beklommen.

„Na ja, sagen wir 80!"

Ich war sprachlos. Ich fühlte den 100-Franken-Schein heiß auf der Haut, obwohl er zwischen den Pappdeckeln lag.

„Immer noch zu teuer? Du bist mir aber einer!" lachte der Chef.

„Ich hätte ihn ja auch für mehr genommen..."

Da fing ich mir einen Stoß von Otto in den Rücken ein, so daß ich zwei Schritte nach vorn trat und nun dicht vorm Chef stand. Der lachte aus vollem Hals.

„Wirklich", beteuerte ich und nestelte die Pappen aus der Rocktasche, holte den nagelneuen Schein hervor und hielt ihn dem Chef hin.

„Gesagt ist gesagt", staunte der Chef. Ich staunte auch. „Dann hättest du dir ja sogar einen von innen beleuchteten Globus leisten können, was?"

„Von innen beleuchtet?" fragte ich, denn

so einen Globus hatte ich damals noch nie gesehen.

„Freilich! Ich habe einen Elektriker, der montiert auf Wunsch eine Glühbirne in den Globus!"

„Und was kostet das?"

„Nun, ich schätze, so um die 30 Franken…"

Ich sah das achte Weltwunder in weite Ferne rücken. Der Chef muß es gespürt haben.

„Nun", sagte er, er fing jeden Satz mit „nun" an, „nun, weil heute ja noch fast Weihnachten ist, sagen wir, er kostet 70 Franken für dich, aber du darfst es nicht erzählen. So schlechte Geschäfte kann ich mir nur einmal im Jahr leisten!"

Mir war schwindlig.

„Wie lange braucht denn der Elektriker? Ich weiß nicht, ob ich in diesem Jahr noch mal nach Basel komme…"

„Dieses Jahr, nun, ich denke, das ist bald herum. Ich werde Herrn Hürlimann anrufen…"

Der Chef ging zum Telefon, fragte Herrn Hürlimann, ob er sofort einen Globus mit Licht versehen könne. Ich ließ keinen Blick von meinem Gönner. „Also, wenn die jungen

Herren gleich kommen, können sie ihn in zwei Stunden mitnehmen?" Er warf einen fragenden Blick herüber, und ich nickte wie ein Pferd im Zirkus, das mit seinem Kopf Rechenaufgaben seines Dresseurs bekanntgibt. „Also, dann kommen die Herren zu Ihnen!"

Mir schwindelte. Ich sah alles wie durch einen Schleier. Und schwieg.

„Nun, ist alles in Ordnung?"

Ich schwieg, bis Otto mich anstieß:

„Sag doch ja!"

Ich reichte dem Buchhändler den bankneuen Hunderter.

„Nun, schön, sage ich! Zu Weihnachten?"

Ich nickte. Er drehte den Schein hin und her.

„Nun, hier steht es ja!" Er prüfte unsere Eintragung. Mir fiel das Herz in die Hose. Aus. Der Schein war nichts mehr wert. Adieu schöner Globus.

„Nun, das finde ich aber eine hübsche Idee! Und so sauber geschrieben!"

Das Herz wanderte aus der Hose an seinen angestammten Platz zurück. Der Schein war nicht wertlos. Was für ein unendlicher Glückstag!

„Den werde ich so bald nicht ausgeben",

sagte der Chef. „Vielleicht bringt er mir auch Glück."

Der Globus wurde in einem großen Karton mit Seitenstützen versenkt und mit einer kräftigen Schnur zugebunden, so daß wir ihn von zwei Seiten her tragen konnten. Der Elektriker Hürlimann hatte seine Werkstatt nur wenige Minuten entfernt. Der Chef wies uns den Weg und winkte uns nach.

Otto und ich saßen auf zwei Schemeln und beobachteten den Meister bei der Arbeit. Er bohrte ein tiefes Loch in den Holzschaft, der vom Fuß bis zur Spitze schräg durch den Globus gelegt war, führte einen Draht ein. Nun waren wir gespannt, wie denn die Lampe in den Globus hineinkäme. Der Meister machte das nicht zum erstenmal, man sah es. Er stellte den Globus auf den Kopf. Sehr vorsichtig. Und schraubte die Messingschale am Fuß ab, in der das Kunstwerk lagerte. Die Öffnung war handtellergroß. In die Schale lötete er eine Fassung für die Birne, das ging sehr schnell, und dann hielt er die beiden Pole des Drahtes an eine Steckdose. Probebeleuchtung? Und wie es strahlte! Der Rest war eine Sache von Minuten. Der Globus funkelte und strahlte wie die Bahnhofstraße in Zürich. Und in meinen Augen leuchtete plötzlich die ganze Welt. Die blauen Ozeane. Die gelben Wüsten. Die braunen Gebirgszüge. Eine einzige Pracht.

30 Franken besaß ich noch. Ehe ich sie hinblätterte, fragte Otto und hielt dabei meine Hand fest:

„Herr Hürlimann, was kostet es?"

„Hat man euch das nicht gesagt?"

„Nein", sagte Otto, ehe ich zu Wort kam.

„Wie immer – 20 Franken!"

Die legte ich in einem nicht ganz neuen Schein hin. Mit zehn Franken in der Tasche und um Millionen reicher verließ ich die Werkstatt. Otto wollte mir beim Tragen helfen, aber ich schleppte den Karton allein. Mir gehörte die Welt! Nie im Leben war ich von einem solchen Glücksgefühl durchdrungen. Mir gehörte die Welt...

Die Erdkugel war mein ein und alles. Sie begleitete mich an alle Stationen meines Lebens. Wo der Globus stand, war ich zu Haus. Und dann zerbrach er eines Tages. Neptun, unsere Riesendogge, ein Kalb unter den Hunden, warf ihn um. Es klirrte, und die Erdteile lagen verstreut am Boden. Hätte Alfred Wegener nicht längst seine Kontinentalverschiebungstheorie, durch Forschungen vielfach bestätigt, in die Welt gesetzt, ich hätte sie in diesem Augenblick entdecken können, während ich verzweifelt bemüht war, die Scherben zusammenzukleben. Es war ein sinnloses Unterfangen, denn das Glas hatte keinen Gegendruck: jedesmal, wenn ich einen Sektor beieinander hatte und zum Ganzen fügen wollte, brachen die Kontinente ein. Ich schaufelte die Scherben zusammen und trug sie in den Müll. Lange trauerte ich meinem Globus nach, ersetzte ihn durch Atlanten, weil so schön wie dieser kein anderer sein konnte.

22 Jahre später war ich, wieder um die Weihnachtszeit, in Basel, um einen alten Lehrer aus dem Internat zu besuchen, der hier in Pension lebte. Für den Leib hatte ich alle möglichen Genüsse zusammengekauft, als mir einfiel, es könnte dem alten Herrn Freude machen, ein Buch von einem ehemaligen Schüler zu bekommen. Ich ging die Straße hinauf, um in „meiner" Buchhandlung ERINNERUNGEN AN DIE ZUKUNFT zu kaufen.

Verkäufer und Verkäuferin hatten gewechselt, aber ein alter Herr, etwas nach vorn gebeugt, der Chef, kam aus dem Hinterzimmer. Ich äußerte meinen Wunsch, und er musterte mich durchdringend.

„Sind Sie nicht…?"

„Ja, der bin ich." Und er sagte:

„Wollen Sie mal etwas Lustiges sehen? Nun, ich werde es holen." Wie damals verschwand er im Nebenzimmer. Ich hörte, wie eine Schublade gerollt wurde, wie eine Kassette schepperte. Dann kam er mit den beiden Pappdeckeln und zog meinen 100-Franken-Schein hervor.

„Nun, ich habe ihn nicht ausgegeben, weil ich abergläubisch bin. Sie beide, es war wohl Ihr Bruder, waren damals so glücklich, daß ich mir dachte, etwas von dem Glück könnte an dem Schein hängen. Darum hob ich ihn auf."

Ich war sehr gerührt und wußte nichts zu sagen als: „Das gibt es doch nicht!" – Es war mein Schein. Und am Rand stand: 26. 12. 1946. Erich von Däniken.

Wer hat schon das Glück, nach 22 Jahren seinen ersten Hunderter wiederzusehen?

Ich kaufte mein Buch. Der alte Herr beobachtete, wie sehnsüchtig mein Blick auf dem Hunderter ruhte.

„Wollen Sie ihn eintauschen?"

„Gern, sehr gern", sagte ich.

„Nun, da haben Sie ihn! Er möge Ihnen Glück bringen!" Ich habe ihn wieder, den Weihnachtsschein, und ich werde ihn nicht ausgeben. Es ist ein Glücksschein. Und von den Ländern auf dem Globus, den er mir einbrachte, habe ich inzwischen viele auf meinen Reisen gesehen, erlebt und kennengelernt. Und ich habe oft und oft an den Globus gedacht, wenn ich auf einem fremden Kontinent an Land ging. Und immer heil und gesund nach Haus kam.

1946, das war ein schönes Weihnachten, und es ist lange her.

PETER HEIM

Zwei Fotografien

Sie hatten die Boote hoch auf den Strand gezogen, um sie vor den Dezemberstürmen zu schützen. Aber es gab noch immer dieses blauleuchtende Meer, den Himmel, über den der Wind seine Wolken trieb, und das Sandrund der Bucht, das schimmerte wie Gold.

Wenn Hanna morgens ans Fenster trat, erschien ihr dieses Bild immer wieder wie ein unverdientes Geschenk. Es war der dritte Winter, den sie auf Mallorca verbrachte. Die Kinder hatten das Haus seit Jahren gemietet, und einmal war Hanna auch im Sommer hier gewesen. Vier Wochen, die ihr wie ein flüchtiger Alptraum aus Turbulenz, Geschrei und Hitze in Erinnerung geblieben waren.

Nun war es still, sie sah an dem violetten Blütenschaum der Bougainvilleen vorbei zur Treppe, auf der ein kleiner Tonteller mit Milch stand. Die Milch war unberührt. Die Katze war auch heute nicht gekommen.

„Die schlägt sich alleine durch. Irgendwann taucht sie schon wieder auf", hatte ihre Tochter gesagt und Hanna einen guten Flug gewünscht. – Irgendwann? Heute war Heiliger Abend. Und von der Katze keine Spur...

Sie ging zur Tür, um den Teller hereinzuholen. Vom Haus senkte sich ein mit kleinen Pinien bestandener Hang zu den Felsen am Meer. Unten am Weg sah sie die hagere Gestalt eines Mannes. Der Wind, der hier so plötzlich wie mit Fäusten zuschlagen konnte, zerrte an seiner Jacke. Von der rechten Schulter hing ein roter Metallbügel. Eine Säge? dachte Hanna. Was will er damit?...

Er war stehengeblieben, kletterte jetzt ungeschickt über eine Sandsteinkante zu einem der Nadelbäumchen, bückte sich, schüttelte mißbilligend den Kopf, wollte sich wieder erheben – und stürzte.

Selbst durch das sanfte Auf und Ab der Brandung war ein leises Stöhnen zu vernehmen.

Na, das hat er nun davon! dachte Hanna und rannte hin.

Sie brauchte keine zwei Minuten, da sah sie in zwei dunkelgraue Augen in einem von Schmerz verzerrten Gesicht. Der Mann hockte am Weg und massierte sich stöhnend den Knöchel.

„Haben Sie sich weh getan?"

„Aha! Auch Deutsche. Nur eine Deutsche kann so fragen. Klar hab ich!"

„Geschieht Ihnen recht", sagte Hanna erbarmungslos. „Man klaut keine Weihnachtsbäume. Und schon gar nicht in fremden Ländern. Nun kommen Sie schon, ich helfe Ihnen."

Zwei Minuten hatten sie gebraucht, um den Weg zu erreichen. Nach weiteren zehn saß der Verletzte in ihrem Wohnzimmer im alten Korbstuhl am Fenster. Da kauerte sie nun, tastete einen kräftigen Männerknöchel ab und fühlte unter den Fingerkuppen die heiße Haut des geschwollenen Gewebes.

„Den haben Sie sich aber ganz schön verknackst. Wo wollten Sie eigentlich hin mit Ihrem Weihnachtsbaum?"

Er schwieg.

„Wohnen Sie hier?"

„Wohnen? Ich bin zum ersten Mal auf Mallorca." Und dann, nach einem Zögern: „Eigentlich wollte ich schon immer mal hierher. Ich konnte nur nicht. Ich hatte nämlich noch einen Hund. Der ist jetzt auch gestorben... Mein Sohn sagte: Vergiß es, Papa! Komm, hier hast du ein Ticket. – Und dann fuhr er nach Bayern. Skilaufen."

Sie versuchte, sich seine Einsamkeit vorzustellen: Ein Mann, der einen Baum sucht, um damit einen Rest von Erinnerungen zu erhalten! Und wie stand es mit ihr? War es nicht dasselbe? Auch ihre Kinder waren im Winterurlaub. Und sie war dem geschenkten Ticket nur dadurch aus dem Weg gegangen, daß sie auf eigene Faust losflog.

„Ich hol uns einen Cognac", sagte Hanna. So saßen sie nun, nippten an ihren Gläsern und sprachen die unbeholfenen, belanglosen Dinge, die immer gesprochen werden, wenn Gefühle die Vernunft belagern. Hanna wußte nicht einmal seinen Namen. Warum stellte er sich eigentlich nicht vor?

Weihnachten! dachte sie und fragte, wie er den Abend verbringen werde.

Er strich sich über das kurze graue Haar. „An Weihnachten bin ich allein. Aber nicht einsam. Nur ein Bäumchen hätte ich gerne gehabt. Doch Sie haben ja recht: Ein Baum soll besser in der Erde bleiben…"

Sie wußte nichts damit anzufangen. Sie erhob sich: „Ich hole Ihnen jetzt eine elastische Binde. Die brauchen Sie." Hanna suchte zehn Minuten, bis sie die Medikamentenschachtel schließlich im Nähkorb zwischen den zerschlissenen, sandigen Jeans ihrer Enkel fand.

Als sie wieder ins Wohnzimmer kam, war der Sessel leer. Einen stockenden Herzschlag lang schien es ihr, als habe sie den Mann nur geträumt. Von draußen ertönte das Geräusch eines Motors. Als Hanna zum Küchenfenster lief, sah sie einen kleinen blauen Mietwagen und durchs Rückfenster einen Schimmer grauer Haare.

An Weihnachten bin ich allein, aber nicht einsam... Was meinte er damit? Und was für ein Weihnachten würde es für sie selbst werden? Das gleiche wie in den letzten drei Jahren: Das „Lichterfest des Seniorenkreises Hotel Miramar". Deutsches Satellitenfernsehen und Geschenkteller mit Plätzchen. Und Sauerbraten natürlich und zum Nachtisch original deutsche Erdbeertorte mit Filterkaffee. Dann die Drei-Mann-Kapelle, die „Stille Nacht..." spielte, und anschließend Sangria, viel Sangria, zuviel für die, die sich vorbeteten, ihre Welt sei in Ordnung, solange auf der Insel nur die Sonne scheine.

Am nächsten Nachmittag und wieder bei demselben unwirklich gläsernen Licht wanderte Hanna durch die Straßen von Porto

Colom. Dort ging sie, wo im Sommer die Touristen wohnten und wo nun alle Fensterläden verrammelt waren und in den Hinterhöfen bellende Wachhunde an ihren Ketten zerrten.

Vor einem der grauen Appartementsilos stand der blaue Wagen; im zweiten Stock waren die Fenster geöffnet. Hannas Herz schlug bis zum Hals, als sie durch ein feuchtes Treppenhaus hochstieg. Klingeln gab es keine.

Also klopfte Hanna.

Die Tür ging so plötzlich auf, als habe er hinter ihr gewartet. Und die grauen Augen unter den dichten Bürstenbrauen waren weder abweisend noch ungehalten, rund waren sie vor Staunen.

„Sie?!"

„Wer denn sonst?" verkündete Hanna tapfer und versuchte mit einem tiefen Atemzug die Sangria-Schwäche zu bekämpfen, die ihre Beine plötzlich versagen ließ. Oder war es die jähe Freude auf seinem Gesicht? „Was macht der Knöchel?"

„Gut, gut. – Cognac habe ich aber nicht."

„Um Himmels willen!" Hanna hielt ihm die Plastiktasche entgegen, aus der ein Sägebügel ragte: „Da! Habe ich gefunden."

„Ist aber lieb."

„Nicht wahr? Früher haben die Damen ihre Taschentücher fallen lassen und gaben damit den Kavalieren einen Grund für einen Besuch. Und heute..." Sie wurde rot. Was redete sie da für Zeug?! Rannte sie ihm etwa mit einer Säge hinterher?

Er hatte es wahrscheinlich gar nicht verstanden. Er bat sie: „Treten Sie doch ein! Ich mache uns einen Kaffee."

Hanna sah sich um. Außer drei schäbigen Kunststoffstühlen, einer Muschelsammlung und dem üblichen geschmacklosen Touristengeschirr gab es nichts zu sehen... Doch? Auf dem Regalbrett in der Nische standen zwei Fotografien. Und daneben eine Vase, in der ein paar grüne Pinienzweige steckten. Und eine Kerze. Er hatte es tatsächlich fertiggebracht, eine Art Altar zu schaffen. Sie ging näher hin und sah das schüchtern lächelnde, ovale Gesicht einer Frau und daneben einen kleinen struppigen Bastardhund, der sie aus dunklen Beerenaugen anstarrte.

Als sie sich umdrehte, stand er vor ihr, das Tablett mit zwei Kaffeetassen in den Händen. In seinen Augen war ein Wissen, das sie schmerzte.

„Wann?" sagte sie nur.

„Sie?" Er blickte auf die Fotografie seiner

Frau: „Vor sieben Jahren... Und jetzt Wolfi. Ein Hund, werden Sie sagen. Aber es stimmt nicht. Er war..."

Die Tassen begannen plötzlich zu klirren. Sanft nahm sie ihm das Tablett ab.

„Sieben Jahre ist viel Zeit, meinen Sie nicht?"

Er gab keine Antwort...

Ein Inselausflug stand am darauffolgenden Freitag für Hanna auf dem Programm. Vergeblich hatte sie versucht, diesen sonderbaren Menschen zur Teilnahme zu bewegen. „Wenn ich was sehen will", hatte Heinrich Albertz gesagt, „nehme ich das Auto und nicht den Bus. Und im übrigen lese ich lieber ein Buch."

So fuhr sie allein, fuhr mit all den anderen hinauf nach Alcudia, dann die Gebirgskette entlang, Bild schob sich vor Bild, ein Eindruck löschte den anderen, aber die ganze Zeit, während der ganzen Fahrt wurde sie dieses Gesicht nicht los. Die Trauer in den grauen Augen, die Fragen, die darin wohnten, Fragen, auf die es keine Antworten gab.

Hanna wußte nicht, wie sie diesen Nachmittag erlebte, er blieb ohne Erinnerung. Sie lächelte automatisch, sprach mit den anderen, kaufte auch irgend etwas, eine dickwandige Glasvase, die sie nicht brauchen konnte und die ihr auch gar nicht gefiel und die sie im Arm trug, als sie am Abend von der Bushaltestelle langsam hinauf zum Haus ging.

Es war kalt geworden. Der Wind, der von den Felsen kam, blies ihr Sand und Staub ins Gesicht. Sie fühlte sich elend und zerschlagen. Morgen ist Silvester, dachte sie. Noch ein Fest?! Du wirst es nicht durchstehen...

In der kleinen Wegbiegung, von der aus man das Haus sehen konnte, blieb sie stehen, drei flache, überraschte Atemzüge lang.

Und dann begann Hanna mit kurzen, schnellen Schritten wieder zu gehen – dem Mann entgegen, der dort neben einer Zypresse kauerte, jetzt den Kopf hochnahm und ihr entgegensah. Er war nicht allein. Im Arm hielt er eine kleine, magere, fahlweiß gefleckte Katze.

„Ich hab sie hier gefunden", sagte Heinrich Albertz. „Sie kam aus dem Wald, ganz plötzlich. Sie ist so zahm. Und Hunger hat sie auch."

Hanna spürte ein Brennen in den Augen. Sie versuchte zu lächeln.

„Vielleicht könnten Sie sie ins Haus nehmen?" sagte er.

„Und ob ich das kann! Jeden Tag habe ich

Milch rausgestellt. Sie gehört doch hierher. Ich habe die ganze Zeit auf sie gewartet."

Er streichelte den kleinen runden Kopf des Tieres: „Siehst du", murmelte er, „hier geht's dir gut. Hab ich's dir nicht gleich gesagt? Und das feiern wir jetzt. Champagner habe ich nämlich auch. Und morgen ist Silvester."

„Ja", sagte Hanna, und nun konnte sie endlich lächeln: „Morgen beginnt ein neues Jahr!"

PETER HEIM

Bordgepäck

Die kleinen Nadeln piekten Liz energisch in die Hand, als sie am Lufthansa-Schalter den Koffer abgab. Dabei reichte nur die Spitze des Tannenbäumchens aus dem Plastikbeutel.

„Und das hier?" fragte das Mädchen in der blauen Uniform.

„Bordgepäck", antwortete Liz.

„Bordgepäck?" Auch bei der Sicherheitskontrolle lächelte die Beamtin gerührt, ja selbst der Steward, der die Fluggäste am Einstiegsluk der Maschine in Empfang nahm, entschloß sich zu einem Grinsen. Mit der kleinen Weihnachtstanne war Liz auf dem Flug Frankfurt – Palma de Mallorca ein voller Erfolg.

Doch als sie sich schließlich in ihrem Sitz anschnallte, das Bäumchen noch immer an den Knien, und das Flugzeug dann anrollte, um mit kurzem, steilem, pfeifendem Schwung die Wolkendecke über der Stadt zu durchbrechen, überkam Liz zunächst Ratlosigkeit und dann heiliger Zorn: Ja, Himmelherrgott, welche Form von Schwachsinn war das eigentlich, mit einem Weihnachtsbaum bewaffnet, nach Mallorca zu fliegen? Und alles wegen eines Menschen, der Thomas hieß und schon deshalb mit Weihnachtsbäumen nichts anzufangen wußte, weil er sich in den Kopf gesetzt hatte, die Ferien- und Festtage auf seinem verdammten Boot zu verbringen.

„Fünf Weihnachten in Tirol, ja reicht das denn nicht, Liz? Nicht daß ich was dagegen hätte, aber ich habe doch gesagt, daß ich dieses Jahr den Bootsmotor überholen muß. Ich hab doch schließlich schon alles arrangiert."

„Und ich, Thomas?! Was ist mit dem Zimmer im Sonnenhof? Und Christa und die anderen, die rechnen doch mit uns."

Es war die Art von Diskussionen, die Liz schon deshalb nicht so richtig ernst nehmen konnte, weil sie sie noch immer mit einem Sieg beendet hatte. Doch diesmal biß sie auf Granit. Thomas hatte nur den Kopf geschüttelt. Und selbst ihre letzte „Wenn...dann"-Triumphkarte zog nicht: „Wenn du soviel rücksichtslose Sturheit aufbringst, dann..."

Es schien tatsächlich das Ende. Die Tür krachte ins Schloß. Sie selbst hatte sie zugedonnert. Was folgte, waren fürchterliche Tage einsamer Selbstzweifel, während Liz' ganze Umwelt in idiotischen Weihnachtsvorbereitungen zu ersticken drohte. Aber dann am Morgen des vierundzwanzigsten raste sie doch noch zum Flughafen, um ein letztes Stand-by-Ticket zu ergattern.

Die Lufthansa-Boeing landete kurz nach dreizehn Uhr auf dem Flughafen San Joan von Palma de Mallorca. Wolken hatten die Insel verhüllt, der ganze Anflug war eine einzige Schüttelpartie. Jetzt flogen die Luken auf, die Treppen wurden herangeschoben, und ein heftiger Wind blies Liz den Regen ins Gesicht: Weihnachten! dachte sie. Na prost!

Auf der Postkarte, die sie letzte Woche im Briefkasten gefunden hatte, stand als Absender Porto Pedro. Und darunter der Satz: „Muß das eigentlich wirklich so sein?" Vorne sah man einen Hafen mit Booten.

Liz brauchte eine geschlagene Stunde, um diesen Hafen im Taxi zu erreichen.

Porto Pedro bestand im wesentlichen aus einer Straße, die eine romantisch geschwungene Bucht umlief. In den Vorgärten der weißen Häuser blühten noch Geranien, doch die Fensterläden waren verrammelt. Schiffe gab's auch. Viele sogar. Fischerboote, Segelyachten. Und als das Taxi vor der einzigen Bar anhielt, die geöffnet hatte, sah Liz jenseits eines kleinen Leuchtturms das windgepeitschte, schaumbedeckte Meer.

Der Chauffeur sah sie fragend an. „Wo?"

Liz zwang sich zu frohgemutem Galgenhumor: „Na, hier natürlich!" Schließlich, eine einzige offene Kneipe hatte auch ihren Vorteil: Entweder hockte Thomas gleich drin, oder die Leute würden wissen, wo er steckte.

Als sie ihren Koffer neben der Theke niederstellte, war der Schwung dahin. Sie sah sich um. Resopaltische, Korbsessel. Und sogar Papiergirlanden. Zusammen mit einem Stern von Bethlehem aus fleckigem Karton sollten sie wohl auf den Heiligen Abend, „la noche buena", hinweisen.

Aber kein Thomas!

Liz blickte in die dunklen Eulenaugen eines Mannes, der sie verwundert musterte: „Kennen Sie vielleicht einen Herrn Thomas Heuer? Aus Deutschland. Er hat hier ein Boot."

Daß sie dies alles auf deutsch fragte, merkte sie nicht einmal. Sie war viel zu erregt. Und auch daß der Mann nickte, schien ihr ganz normal. „Thomas", nickte er, „ja, Thomas!"

Ihr Herz machte einen kleinen Sprung.

„Wo ist er? Auf dem Boot?"

„Auf Cabrera."

„Wie bitte?"

Der ausgestreckte Zeigefinger wies un-
bestimmt zum Bar-Eingang und dann weiter
über Hafenmole und Leuchtturm hinaus in
irgendwelche sturmumtobten Weiten. Cabrera sei eine kleine Insel, hörte Liz. Und gestern
noch habe die Sonne geschienen, und das
Meer sei ganz ruhig gewesen. Doch wie die
Sache jetzt aussehe... „Die Fischer sagen, das
Wetter bleibt noch ein paar Tage so."

Echt Thomas! Doch Vorwürfe halfen hier
auch nicht weiter. Und warum auch? Vielleicht hatte ihn ja pure Verzweiflung gepackt,
und er war einfach aufs Schiff gesprungen:
Leinen los, hinaus in den wilden, einsamen
Sturm!

Liz bekam eines der drei Gästezimmer,
die die Familie Ferrer im Sommer an Touristen vermietete. Sturmböen drückten gegen
die Fenster. Sie ließen die Scheiben knistern,
und über grünen Schaumkronen schrien die
Möwen.

Eine Art Lähmung hatte sie überfallen.
Sie saß nur einfach auf dem Bett und starrte
vor sich hin. Was half ihre ganze bewährte
Überlebens- und Erfolgsstrategie gegen das

schwarze Loch, in dem jede Überlegung zu versinken drohte? Dabei hatte sie sich doch so vieles ausgedacht, was sie ihm sagen wollte: Thomas, wenn du nur hier wärst! Thomas, ich hab mir doch alles überlegt. Du wolltest, daß wir zusammenziehen. Warum eigentlich nicht? Irgendwas läßt sich doch finden, Thomas! Wir würden uns ein gemeinsames Studio einrichten – ein Zeichentisch für deine Solarheizungen in der linken, der zweite für meine Werbegraphiken in der rechten Ecke und drum herum unsere gemeinsame Wohnung. Vielleicht sogar ein Haus... Aufzeichnen könnte ich dir das alles. Thomas, Himmelherrgott, wenn du nur hier wärst!

Und draußen flogen Gischtfahnen hoch, Brecher donnerten gegen die Hafenmauern, und die Schiffe schlugen klirrend mit den Masten aneinander.

Es klopfte: Catalina, die Wirtin. Auf hohen Absätzen, im festlichen Blauseidenen stand sie im Zimmer und hielt das Bäumchen in der Hand.

„Bitte", flüsterte Liz, „das Bäumchen war für Thomas..."

„Macht nix", strahlte Catalina. „Thomas Cabrera. Du unten – Familie! Komm runter."

Und sie waren wirklich eine Familie, die-

se Ferrers! Küßchen vorne, Küßchen hinten:
„Dies ist Thomas' Señora!" Ja, und Christus,
der Herr, war geboren, und so wurde gegessen, gelacht, gefeiert, getrunken. Irgendwann
begannen für Liz die Lichter zu verschwim-
men. Vielleicht war es der Wein, vielleicht die
Tränen oder alles zusammen. Miguel, der
Wirt, nahm sie in den Arm: „Wirst sehen,
mañana! Mañana ist Thomas zurück..."

Fünf Tage klammerte sich Liz wie eine
Ertrinkende an dieses „mañana", unternahm
gewaltige Spaziergänge, starrte sich beim
Absuchen des Horizonts die Augen wund,
las Muscheln vom Strand und kämpfte müh-
sam gegen einen Sturm von Selbstmitleid
und Anklagen. Das Meer wiederum hatte sich
längst beruhigt. Weit und friedlich, als licht-
begossene, blaßblaue Fläche lächelte es ihr
zu.

Am sechsten Tag half „mañana" nicht
länger. Liz hatte die Hoffnung verloren. Einer
der Fischer war abends in die Bar gekommen:
Die „Liz" liege zwar noch immer vor Cabrera,
doch zusammen mit anderen Booten. Engländer. – Sicher auch Engländerinnen!
war das einzige, was Liz denken konnte.
Schließlich, wer feiert Weihnachten schon
alleine...

Es war soweit, sie hatte das Ticket bestellt, die Koffer gepackt. Sie würde Porto Pedro verlassen. Auch noch Silvester allein – nein!

Der letzte Spaziergang an der Bucht entlang, hinüber zu den Pinien. Einen Zweig Rosmarin würde sie mitnehmen. Oder wilden Lavendel...

Doch Liz erreichte die Pinien nicht. Als sie an einem der umgekippten Boote vorbeikam, rollte ihr ein braunfahles Fellknäuel vor die Füße. Sie mußte zweimal hinsehen, um das Knäuel als Kätzchen zu identifizieren. Sie hob es hoch. „Tschau!" flüsterte sie. Die Augen waren lindgrün. Sternenaugen. Sie starrten unverwandt, voll vertrauensseliger Hoffnung. Nur das „Miau" fiel ziemlich kläglich aus.

Was nun? Und was sollte sie vor allem mit all ihren angestauten, unerwiderten Gefühlen? Begreiflich, daß sie sich auf den ersten Blick in „Kuki" verliebte. Und so, mit der Katze unter dem Arm, steuerte sie die Bar an, vor der sich die Ferrers bereits zum Abschied aufgebaut hatten, denn auch das Taxi war bereits vorgefahren.

„Die Katze braucht noch was zu fressen..." Es schien eine Abfahrt mit Hindernissen zu werden: Kuki gab prompt alles wieder von sich, was sie zuvor an Fisch und Milch in

sich hineingeschlungen hatte. Als die Bescherung beseitigt war, suchte die ganze Familie
nach einem Korb. Auch der wurde beschafft.
„Und dein Weihnachtsbäumchen, Elisabetha?"

„Das schenkt ihr Thomas!" entschied Liz
mit zorniger Schadenfreude.

Das Taxi mit Liz und Kuki an Bord schaff-
te es gerade bis zu der Kurve, von der aus man
den Hafen überblicken konnte.

Liz fiel dem Chauffeur in den Arm: „An-
halten! Halt! Halten Sie doch!"

Wenn er dich jetzt für völlig überge-
schnappt hält, hat er völlig recht. Liz dachte es
noch, packte Kuki, stieg aus, rannte los, die
Treppe zum Hafen hinab und sah es nun ganz
deutlich: Ein Boot! Ja, es war die „Liz"! Sie beobachtete, wie der Rumpf mit dem orange-
braunen Seitenstreifen rasch näher glitt, sah
nun die Segel zusammenfallen – und ganz
vorne diesen Mann.

Thomas! Sie dachte es mit trommelndem
Herzen.

Er stand am Bug, leicht gebückt, hatte ei-
ne Leine in der Hand, hob nun den Kopf, ein
Tauende klatschte laut ins Wasser, und sein
Mund formte ein ungläubiges „Oohhh", die
Arme fielen ihm herab, und als nun auch
noch der Bug gegen die Mauer knallte, geriet

das ganze schlaksige Männergestell ins Taumeln.

„Du!" hörte Liz es brüllen. „Ja, ich!" schrie sie. „Und das ist Kuki."

„Wie?" Und: „Aha?... Könntest du vielleicht mal bitte..." Sie bekam ein Stück nasses Tau zugeworfen, band es, so gut sie's konnte, um ein Eisen, und dann war es endlich soweit, war es so, wie sie es sich erträumt hatte: seine Hände, die über ihren Rücken strichen, sein Gesicht, die blauen Augen, die sie so liebte, und seine Stimme: „Ist ja unglaublich! O Gott, wenn ich gewußt hätte... Aber der Scheiß-Motor... Auf Cabrera ging er wieder kaputt."

Alles auf einmal.

Oben auf der Straße hupte es. „Das Taxi", flüsterte sie. „Mein Taxi."

„Wie?"

„Ach, ist nicht wichtig!"

Wie schnell doch die schlimmsten Gedanken und die schrecklichsten Ängste vergessen waren, wie die Tragödien auf Null schrumpften, genau wie angestochene Luftballons. Liz gefiel der Gedanke. Sie lächelte verklärt. Die Champagnerpfropfen knallten, flogen zu den Papiergirlanden hoch, da saß sie nun, am Familientisch der Ferrers, versteht sich, und sah über die explodierenden, winzigen Kelchbläschen hinweg Thomas an. An irgendwelche Engländerinnen hatte sie sowieso nie geglaubt. Und was den Rest anging? – Ein neues Jahr begann: Zeit, reinen Tisch zu machen!

„Weißt du..." wollte sie sagen.

„Weißt du", hörte sie auch, aber er sprach es aus: „Weißt du, Liz, ich habe die ganze Zeit, als ich hier allein war..."

„Über uns nachgedacht, wie?"

„Stimmt. Kannst wohl Gedanken lesen?"

„Und zu welchem Ergebnis bist du gekommen?"

„Ach, Liz, wenn du mich so anguckst, komme ich ganz durcheinander. Daß ich ein verdammt sturer Hund bin. Und vieles falsch gemacht habe. Daß ich mich ändern werde – und ich werd's tun, heiliges Ehrenwort! Und daß es vielleicht viel schöner gewesen wäre in Tirol..."

„Aufhören! Schluß! – Hier ist es schön." Sie drückte sich an ihn. „Und vielen Dank für deine Rede, Thommy. Sie hat nur einen einzigen Haken: Ich wollte sie halten. Dir! Aber solange wir beide dasselbe sagen wollen, kann uns ja nichts mehr passieren. Die Ferrer-Kneipe, Thomas..."

Nun hatte sie sich aufgerichtet und blickte feierlich um sich, in all die lächelnden Gesichter, zu den Leuten, die ihnen zuprosteten: „Die Ferrer-Kneipe ist der allerschönste Ort der Welt. Merk dir das! Und weißt du, warum? Weil wir beide hier beschlossen haben, daß nun alles anders wird, richtig rundherum und unheimlich gut…"